U0625632

丛书编委会

编委会主任：

田慧生

编委会副主任：

刘月霞　李振村

编委（按姓氏笔画排序）：

付宜红　田慧生　朱文君　刘月霞

李振村　李　斌　张国华　陈洪杰

潍坊教育
解密丛书

主编 田慧生

教育部基础教育
课程教材发展中心 编

为教育前行

保驾护航

——教育督导制度创新解读

Reforming
the Supervision
System for
Educational
Advancement

教育科学出版社
·北京·

潍坊教育改革为什么能创造奇迹？

田慧生 | 教育部基础教育
课程教材发展中心

任何发问都是一种寻求。

——海德格尔

2009 年 10 月，教育部基础教育课程教材发展中心对潍坊市 2.4 万名学生的大样本测评显示：潍坊市中小学生的每日作业量远低于全国常模，居全国领先位次，学习压力水平更是全国最小。

2012 年 10 月，我中心再次在全国开展大样本教育质量检测，潍坊市的成绩同样优异：潍坊市中小学生在学业水平、睡眠时间、作业时间、自信心、学习动机等方面均明显优于全国常模，且多数指标较 2009 年有更好表现，继续呈现"轻负担、高质量"的发展态势。

2012 年到 2014 年，山东省教育厅、山东省统计局联合对山东各地市学生负担情况进行系统调研，综合小学九大方面、中学十大方面的测评结果，潍坊市中小学生连续三年在山东省 17 个地市中课业负担最轻。

……

这些测评结果虽然是区域教育整体的一个侧面，但窥一斑而知全貌，却也实实在在地反映了潍坊教育改革的成效。

与此同时，潍坊作为国家课程改革的首批实验区，作为教育部基础教育课程教材发展中心指导的第一个实验区，我关注潍坊也有 20 年之久。这么多年来，许多在其他区域很难推动和落实的教育改革难点问题，潍坊都交出了令人满意的答卷。

校长职级制改革，在全国率先取消校长行政级别，摘掉了校长头上的"官帽"，构建了新型的政校关系，让校长回归按教育规律办学的专业定位，为"教育家办学"提供了制度保障。

中考制度改革，改的是中考，动的却是整个基础教育评价体系。"多次考试、等级评价、综合录取、自主招生"形成了蝴蝶效应，有效破解了学校的分数情结，大大扭转了应试教育倾向，规范办学得到保障，学生综合素质的发展受到了前所未有的重视，素质教育稳步前行。

督导改革，潍坊率先成立督导评估中心，实行督导责任区制度，引入第三方评价，构建了立体督导体系。这不仅改变了教育行政部门"既当运动员又当裁判员"的尴尬局面，更为区域教育注入了专业精神，让各方轻装上阵，将时间、精力和关注点聚焦在规范办学、为师生的发展服务上。

教育惠民服务中心成立，潍坊市教育局主动打破部门条块分割的藩篱，把自己推到公众面前，提供"一站式"服务。这和有的机关部门千方百计回避和搪塞百姓需求形成了鲜明对比！新型的公共教育管理体制在潍坊初步形成，教育行政部门从"管理"向"服务"的转型得以实现。正因此，潍坊人民对教育的满意度，连续六年位列全市各行业第一。

潍坊的教育改革敢为人先，充满创意，形成了"潍坊现象"、"潍坊奇迹"，为全国的教育改革探索做出了突出的贡献！

现象背后，隐藏着实质。

值得追问的是，十多年间，为什么一项项极具创新意义的教育改革都在潍坊发生，且能开出灿烂繁花，结出累累硕果？

第一，是潍坊党政领导的支持、重视。在潍坊，教育一直是党政领导着力打造的城市名片，被置于优先发展的地位。正因此，一份中考改革方案可以上市长办公会；正因此，相关部门能主动放权，积极推动校长职级改革和"管、办、评"分离；正因此，每年的学校督导成绩会被晒在《潍坊日报》上，和党政一把手的政绩考核与升迁直接挂钩……党政领导的支持，给了潍坊教育改革先天的底气和自信。特别值得一提的是，潍坊市教育局在局长的选用上，充分体现了他们的胆识和智慧，体现了对专业的敬畏与尊重。从李希贵到张国华，再到现任局长徐友礼，他们都是教师出身，都对教育充满了热爱，都有强烈的责任感与使命感。难能可贵的是，对于李希贵开创的改革事业，后任者不变道、不拐弯，持之以恒，久久为功，而这些对教育事业而言，恰恰是极为宝贵的！

第二，潍坊形成了教育家办学的氛围，形成了教育家群体。潍坊的教育改革形成了良性循环：改革推动了教育家办学，推动了教育家群体的形成；教育家群体的形成又进一步强化了教育家办学，推动着潍坊教育改革持续创新、保持卓越。这里有昌乐二中、诸城一中、高密一中、广文中学、龙源学校、奎聚小学等课改名校。这里走出了李希贵、潘永庆、崔秀梅、赵丰平、赵桂霞、于美霞、姜言邦、韩兴娥、吕映红、李虹霞等教育大家和全国名师。

第三，注重改革策略，全局推动，综合突破。教育改革是一项系统工程，必须突破常规思维和策略，进行系统性的考虑。在这方面，潍坊教育人动足了脑筋。摘了校长的"官帽"，还要以校长遴选制度、任职制度、薪酬制度等来保证效果；改变"分分计较"的中考格局，以综合素质考评、特长录取、校长推荐等来优化人才选拔……教育也是社会、家庭共同关注的事情，潍坊教育局在改革推进的过程中始终注意公众的教育知情权，畅通沟通渠道、透明改革过程，从而将可能反对改革的社会力量化成监督的力量、支持的力量。像中考改革这样触动千家万户利益的事情，潍坊百姓却心悦诚服，这不得不说是个奇迹。

第四，注重发挥制度的力量。"改到深处是制度"，这是潍坊教育人经常说的一句话，也是对潍坊教育改革经验的经典总结。改革意味着利益格局的调整，教育改革常常意味着教育行政部门放弃自己的权力和利益。潍坊市教育局正是通过制度建设，避免了因新的利益博弈而可能带来的改革退步，从而让新制度保障新举措，新举措成为新常态，让新常态保证潍坊教育在新的水平上高质量运行。潍坊教育改革，还注意发挥制度的合力，不仅一项教育改革内部通过制度建设来达成改革目标，不同教育改革之间，也形成了相互支持、相互配合的态势。比如校长职级制、教育督导、中考改革共同保证了素质教育能落到实处。这再一次体现了潍坊教育改革的整体、综合思维和开拓、创新精神。

长风破浪会有时，直挂云帆济沧海！潍坊的教育改革很好地体现了《国家中长期教育改革和发展规划纲要(2010—2020年)》提出的理念和路径，为全国有志于教育改革和创新的教育行政领导、教育工作者指明了工作的思路和方向，也为区域整体推进教育改革的探索提供了典型案例，值得我们学习和借鉴。

潍坊教育的百花园里已花开朵朵，草木葱茏。希望潍坊教育改革的春风能吹遍大江南北，染绿教育的山川丛林，唤醒一个百花盛开的教育春天！

是为序。

创新督导制度，构建和谐教育生态

　　随着社会经济发展和人民群众教育需求的不断提高，加快转变教育发展方式，加快构建现代学校制度，已经成为当务之急。与此同时，潍坊市的教育改革逐步进入"深水区"，需要党政进一步重视，各部门加大支持力度，社会广泛参与。

　　然而现实情况却不容乐观：教育决策外界参与度不高，教育部门履行发展教育职责缺乏监督机制……这些暴露出来的深层次问题，单纯依靠教育部门难以根本解决，必须从顶层设计入手，建立健全教育决策、执行、监督既相互制约又相互协调的运行机制，进一步提高教育督导的权威性。

　　于是，2001 年，随着国务院建立"以县为主"的农村义务教育管理体制的重大决定的出台，潍坊市委、市政府下发文件，规定每年对各县市区党委、政府的教育工作以及贯彻落实国家、省有关教育法律法规情况进行督导评估，开展一年一度以"督政"为主的对县级政府教育工作的综合督导评估，督促县级政府切实担负起应尽的教育责任。

　　同时，为使评估考核结果更好地发挥作用，潍坊市人民政府教育督导室每年"两会"期间都在公共媒体上公布评估考核结果。由此，潍坊教育督导在全国开启了省辖市对县市区政府"督政"之先河。

时光流转，进入新世纪以来，新旧教育观念激烈碰撞，"升学率"至上思想依然盛行，不规范办学行为泛滥，群众投诉居高不下，素质教育遇到前所未有的挑战。潍坊市政府下发通知，在全市推行教育督学责任区制度。

潍坊市被划分为东片、西片、南片三个督学责任区。督学责任区实行项目管理，团队负责，分别由市、县两级督学组成团队，市教育局确立一名市级督学作为各督学责任区第一责任人，每个县市区有一名作为市级督学的局领导对辖区负总责。根据需要市教育局聘请若干市级或县级督学，直接责任到校。

同时，为发挥第三方的公正和公平优势，潍坊市专门扶持成立教育督导巡视团，"购买"其服务：对群众举报投诉的调查服务，形成有报必查、查实必究的快速反应机制；对全市普通高中星级学校创建工作的评估服务，推动普通高中的多样化特色办学，促进高中学生的全面发展，推进素质教育的实施。

至此，潍坊教育督导进入了"督政"与"督学"并重时期。

近两年来，随着现代教育制度在潍坊逐步推开，扩大学校办学自主权、排除一切对学校的干扰已是当务之急。为适应新形势、新要求，贯彻《国家中长期教育改革和发展规划纲要（2010—2020 年）》精神，同时结合潍坊教育实际，2011年 9 月，潍坊市在全国地级城市中率先成立了教育督导委员会。

委员会由市长任主任，分管教育的市长任副主任，与教育关系密切的教育、财政、人社、编制等有关部门主要负责同志，以及担任人大代表和政协委员中的部分知名企业家、教育专家、各级各类学校的管理者和基层干部代表等被吸收进来。

教育督导委员会的职责是，组织开展对教育、财政、人社、编制等市直部门履行教育职责情况的督导评估，确保其依照法律法规认真落实和履行好各自职责，为学校自主办学提供制度保障。

这标志着潍坊教育督导开始向"督自己"迈进。

2012年10月1日，历时8年制定的《教育督导条例》开始实施，成为新中国第一部专门的教育督导法规。此时，潍坊教育督导已走过了十年，经历了从"督政"到"督政"与"督学"并重，最后走向"督自己"。

十年的摸索与实践，可贵之处在于务实与不断创新，为潍坊教育的发展注入了源源不断的活力。

政府各个职能部门支持教育改革发展的主动性、积极性明显增强。潍坊创新教育督导制度，使政府部门履行服务教育改革和发展的职责有了经常化的监督机制，为推进政事分开、部门放权、学校自主办学提供了制度保证。现在，潍坊市已经形成了各部门齐心协力、共同支持教育发展的良好局面。

教育向内涵发展转型的步伐明显加快。针对督导委员会汇集的人民群众对教育的所想、所盼、所求，综合督导、督学责任区、教育督导巡视团一齐发力，推动教育向"安全优先、育人为本、维护公平、强化服务"转变，保障了学校办学自主权的进一步扩大，有力促进了潍坊市教育事业的科学发展。

在山东省委、省政府组织的对市级科学发展综合考核群众满意度电话随机访问调查中，潍坊市人民群众对中小学教育的满意度连续四年居各行业首位。

2012年10月11日，国务院教育督导委员会暨第九届国家督学聘任工作会议在北京召开。在大会上，潍坊市市长刘曙光做了典型发言，是五个发言中唯一的地市级单位代表。

毋庸置疑，潍坊市的教育督导促成了决策系统、执行系统和监督系统的有效互动。这三大系统的有效互动，构建了和谐的教育生态，让潍坊整个教育的改革与发展熠熠生辉。

因此，不妨让我们重走潍坊创新教育督导之路。

目 录

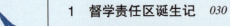

教育综合督导：
拉开督导创新序幕

市教育局会议室里的一幅油画，提醒教育干部不要忘记农村简陋的校舍以及淳朴可爱的孩子

山东省临朐县原城关中学校舍

山东省临朐外国语学校正门

山东省临朐县丰寨初级中学教学楼

山东省临朐县城关中学

著名教育改革家　李希贵

全国教育督导工作

先进集体

中华人民共和国教育部
二〇〇三年三月

全国精神文明建设工作

先进单位

中央精神文明建设指导委员会办公室
二〇〇九年一月

这些荣誉的获得有教育督导的一份贡献

潍坊 2013 年县市区重点教育工作督导评估方案听证会

2003 年全国教育督导工作会议在潍坊召开

2002 年 2 月，潍坊市"两会"如期举行。与往常稍有不同的是，会议间隙，每个与会代表都拿到了一份登载着潍坊所辖各县市区教育督导成绩排名的《潍坊日报》。

原来，这是潍坊教育督导的创新举措之一。为了提高督导结果的可信度和准确性，潍坊市推出了公告、公示、公报"三公"制度。市督导室每年会把督导的结果，赶在全市"两会"期间，分县区、分项目在《潍坊日报》上全面公布，并送到与会的每一位代表手中。这项信息公开制度已经实行多年了。在这个人大代表和政协委员齐聚一堂参政议政、领导班子调整的时刻，各县市区教育督导成绩被"晒"到报纸上，自然成为"两会"期间最抢眼球的热点新闻，也成为被代表和委员们议论的焦点。

其实，就是这么一个小小的变化，借助一份报纸，点燃了县一级党政官员的教育激情。

那么，在潍坊，教育综合督导结果为什么被如此看重？为什么能如此牵动党政领导的心？教育督导成绩为什么要在《潍坊日报》上公开发布，而且恰恰选在"两会"期间？

这些要追溯到世纪之交的 2000 年前后。

1 | 世纪之交的潍坊教育困局

进入新世纪以来，潍坊市委、市政府紧密联系全市经济与社会事业发展的实际，积极实施"科教兴潍"和"人才强市"战略，各项事业呈现千帆竞进、百舸争流的大好局面。但是，制约教育发展尤其是农村教育发展的矛盾与问题依然比较突出。

教育投入相对不足，各级各类学校经费普遍紧张。以2000年为例，潍坊市生均预算内公用经费初中仅为19.67元，小学为9.35元，而且连续两年下降；3个县区的城市教育费附加只达到应征数的三分之一。

大部分县市区教师工资城乡标准不统一，乡镇教师只发"必保工资"，而且拖欠现象严重，教师社会保险金落实不到位。

教育资源不足，多数学校办学条件不能满足教育需要。20世纪七八十年代的一大批校舍进入了危险期，中小学危房改造任务艰巨。教育发展不均衡，县域之间、城乡之间、学校之间的办学条件、教师待遇、师资状况、教育质量差异较大，教师素质参差不齐。

上述状况严重影响和制约了基础教育特别是农村教育的改革与发展。

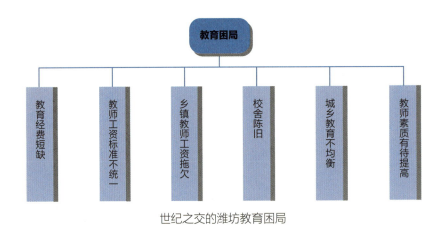

世纪之交的潍坊教育困局

谈起十几年前乡镇教育的情况和生活困境，安丘市的张海平老师至今记忆犹新。那时，他和爱人在同一所农村初中任教，二人均为中级职称，月薪人均只有600多元，社会保障方面也只有一点养老保险。由于工资由乡镇财政发放，拖欠现象时有发生且屡欠不止，有时甚至要拖欠半年之久，时间一长，他们的基本生活都无法维系。无奈之下，他们只好到粮油专卖店赊欠面粉艰难度日。

一些新分配来的师范毕业生见此情景，不免"身在曹营心在汉"，"当一天和尚撞一天钟"，想尽办法往城区学校挤，有的甚至"孔雀东南飞"，辞职而去。

学校办公条件更是简陋，二十几个教学班，除了普通教室，只有一个物理实验室和一个化学实验室，全校只有一台电脑。校舍破旧，遇上下雨天，外面下大雨，室内下小雨。冬天为了避寒，教室前后窗全都用塑料薄膜封住。体育设备更是奇缺，坑洼不平的操场边上有几个锈迹斑斑的单双杠。

2001年5月，国务院出台的《关于基础教育改革与发展的决定》（国发〔2001〕21号，简称《决定》）提出：基础教育在社会主义现代化建设中具有"战略地位"，应当"优先发展"；作为基础教育的重点和难点，"加强农村义务教育是涉及农村经济社会发展全局的一项战略任务"。《决定》提出要确立农村义务教育的管理体制，即"实行在国务院领导下，由地方政府负责、分级管理、以县为主的体制"。

如何贯彻《决定》精神，如何落实农村义务教育以县为主的管理体制，如何使教育事业优先发展，严峻的课题摆在了潍坊市教育决策者的面前。

2 | 寻求破解之道

决策者们开始反思：过去政府在统筹教育发展问题上，为什么会出现有令不行、有禁不止、执法不严、违法不究的现象？原因固然是多方面的，但主要还是政府和某些行政部门把教育法规政策视为"软尺子"，把发展教育视为"软任务"。

■ 突破从高密开始

20世纪末，著名教育改革家李希贵走上了高密市（潍坊下辖县级市）教委主任的岗位，他以超凡的勇气、胆略和智慧，进行了基础教育的综合改革，改革中小学办学体制及学校内部管理机制，深化课程改革，全方位推进素质教育。所有这些改革要得到切实的贯彻执行，没有一个得力的监督保障机制是不可能完成的。

在高密市委、市政府的支持下，他强化教育督导的职能——改教育局督导室为政府教育督导室，编制8人，赋予督导室单独行文权，实现机构独立；实行财政预算定额拨款，每年近20万元，实现了经费独立；改善办公条件，配备专车，实现办公独立。同时，政府赋予教育督导室监督、检查、评优、验收的权力，构建了评估、评优、验收三大评估系列。

中共高密市委、高密市人民政府出台了《关于建立教育执法目标责任制的意见》，开展了一年一度的对乡镇党委政府、市直相关部门教育目标责任制落实情况的督导评估，使乡镇政府教育执法意识明显增强，教育投入不断加大，办学条件明显改善，教师工资、中小学公用经费大幅度增长，一个优化的教育大环境正在形成。

同期，寿光市也建立、实施了教育执法目标责任制，并取得良好效果，教育事业发展迈上了一个新的台阶。

■ 开启新境界

2001年，李希贵从高密市教委主任的位子上被破格提拔为潍坊市教育局局长、党委书记。潍坊教育困局如何突破，深谙教育管理的李希贵从高密的教育改革和教育督导的成功案例中得到启示，他决定将高密教育督导的经验移植到潍坊这个更大的舞台上。李希贵的想法得到当时潍坊市委和市政府主要领导的大力支持。

突破，从高密开始

潍坊，开始踏上探索之路

2001 年 9 月，潍坊市委、市政府印发《关于转发〈寿光市关于建立教育执法目标责任制的意见〉的通知》，在要求各县市区学习高密、寿光经验的基础上，提出从 2001 年开始，"对各县市区党委、政府的教育工作以及贯彻落实两《决定》(《中共中央、国务院关于深化教育改革全面推进素质教育的决定》《国务院关于基础教育改革与发展的决定》)情况进行督导评估……重点对教育投入，包括教育费附加的征管用、教师工资发放、学校布局调整、校舍危房改造等情况进行督导检查，并开展创建教育工作先进乡镇和先进县市区活动，推动全市大力实施素质教育，高标准、高水平实施义务教育，加快教育现代化进程"。

当年年底，潍坊市政府教育督导室牵头组织了对县市区的教育工作督导评估，督导从教育经费、教师工资、中小学危房改造、信息技术教育、教育水平等五个方面入手，当时又称为"五项督导"。自此，潍坊市每年一度的对县级政府的教育工作综合督导制度（简称"综合督导"）被正式确立并坚持不懈地持续了下来。

2002 年 1 月，首次针对县级政府的"五项督导"结果被登在了《潍坊日报》上，这一做法掀起了不小的风波，引起了各县市区党政领导对教育的关注。第二年春天，时任潍坊市教育局总督学的张国华同志带着这张报纸及"五项督导"公告，进京向国家教育督导团汇报工作。时任国家副总督学、督导办主任郭振有眼前一亮，顿时精神振奋，评价潍坊的做法为全国提供了范例，当即拍板推广潍坊经验。

2003 年 3 月 21 日，全国教育督导工作

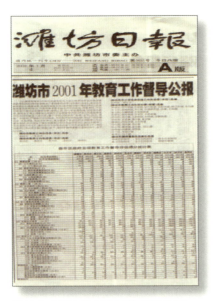

潍坊市 2001 年教育工作督导公报

五项督导评估工作正式启动

会议在潍坊召开。潍坊市教育局局长李希贵作典型发言。

时任教育部副部长、国家总督学王湛到会并对潍坊教育给予高度评价。他说："潍坊市教育督导已经形成一套比较成熟的制度和办法，收到明显成效，经验值得认真总结和推广。"

这一年，潍坊市被评为全国教育督导先进单位。

■ "刚性督政"应运而生

2002 年 7 月，中共潍坊市委组织部下发了《关于将县市区教育工作情况纳入县市区党政领导政绩考核内容的通知》（以下简称《通知》），文件明确规定：以县市区

教育工作督导评估成绩作为重要内容，纳入县市区党政领导干部年度政绩考核。考核目标责任人为各县市区党政主要领导和分管领导。

考核工作在市委、市政府的领导下进行。由市委组织部、市教育局、市政府教育督导室具体组织实施，每年考核一次，与县市区教育工作年度综合督导评估一并进行。

考核结果分为"优秀"、"良好"、"合格"和"不合格"四个等次，以县市区教育工作年度综合督导评估成绩作为划定等次的主要依据。

考核结果作为上级党委、政府考核县市区党政领导政绩的重要内容之一，并列为今后对其提拔和使用的一项重要依据。

对市考核评估为"优秀"的县市区，予以表彰；经市考核复评认定为"不合格"的县市区，责令其限期整改，整改不到位的将追究领导干部责任。

《通知》的下发，真正触动了各县市区领导的神经，它代表了潍坊市委、市政府以及潍坊市教育局、潍坊下属各县市区三方对教育的管理及责任达成统一共识，即把教育的责任绑定在政府身上。由此，潍坊教育督导开始变得刚性十足，以至于后来人们都称之为"刚性督政"。

从此，教育成为各县市区一把手的主抓工程。各县市区相继建立健全了教育执法目标责任制，县市区发展教育的积极性被充分调动起来，潍坊教育步入日新月异的发展轨道。

现在，每年一度的对县级政府教育综合督导已经成为潍坊教育系统自上而下的头等大事，其对潍坊教育的改革和发展起到了巨大的推动作用。

将教育工作情况纳入政绩考核

3 | 让综合督导公开透明

潍坊教育综合督导具有自身鲜明的特点——公开透明，从方案制定开始，到督导实施，再到督导结果的公布与反馈，贯穿督导全过程。

因为公开透明，潍坊的综合督导结果最有说服力，也最经得起质疑，也才敢于在媒体详细公布，并最终推动县级党委政府切实重视教育，倾情教育发展，形成潍坊教育日新月异、锐意前行的大好局面。

用潍坊市教育局原局长张国华的话说："没有教育督导，就没有潍坊教育的今天。"

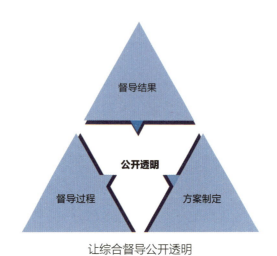

让综合督导公开透明

■ 综合督导方案制定公开透明

潍坊的综合督导方案不是一小部分参与者闭门造车的产物，而是相关各方共同参与、反复酝酿、集思广益的结果，整个过程公开透明。这样，不仅保证了综合督导方

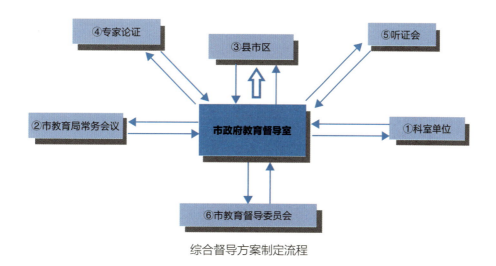

综合督导方案制定流程

注：图中序号表示工作流程顺序，细箭头表示征求意见或呈报请示及反馈，指向县市区的粗箭头表示最终确定并发送

案的科学性、可行性，还使方案制定的过程成为民主决策、科学决策的过程，成为全市上下明确年度目标、统一思想、凝聚共识的过程。

综合督导方案制定的原则包含以下几条。

主导性原则：把重点工作与依法治教结合起来。潍坊督导方案的指标体系紧密围绕事关教育改革与发展的重点，包括市委、市政府、市教育局确定的教育重点工作、重大教育改革事项以及义务教育"以县为主"管理体制的落实等，主导的方向非常明确，并分解设计了一级指标、二级指标和评估细则，把县级政府应尽的责任具体化了。所有指标都是有法有据可依的，旨在促进各级政府依法行政。

在潍坊，将教育的某项工作纳入综合督导方案，这意味着该项工作将会受到"特别礼遇"，获得远超一般的发展。因此，每年制定督导方案时，机关各科室、单位都想把自身的某项工作列入督导方案，如何取舍也让市教育局领导颇费思量，当然，胜出的肯定是重点工作。

2010年，校园伤害事故频发。这一年的督导方案把"学校安全"作为分量最重的指标，推动各县市区倾其全力对校园安全予以保障。学校安保水平大幅提高，校园安保的长效机制基本建立。2010年11月，全国校园安全工作现场会议在潍坊召开。

科学性原则：将方案指标设计的过程变成科学决策的过程。从指标体系的构成、指标权重的设置到指标计分办法的确定，无不精心设计，经得起推敲。

在 2013 年的督导方案中，"校长职级制改革"被赋予 60 分的高分，高于其他大部分指标，体现了领导层倾力推动该项工作的决心。"校长职级制改革"的计分点有校长管理权限、校长职级绩效工资、校长职级评定、优秀校长延期退职制度、校长后备人才队伍建设、校长培训机制等六项，按难易程度，突出了校长职级绩效工资，赋予其 20 分的分值。

潍坊市积极尝试将社会和群众的满意度情况纳入综合督导评估，从 2010 年开始，潍坊市将社会评价作为重要一环纳入综合督导指标。社会评价指标由五个方面组成——群众满意度（市政府组织）、家长满意度（市教育局组织）、代表委员满意度（市委组织部组织）、政风行风评议（市纪委组织）、舆情评价情况等，每年权重为 0.15 左右。

社会评价作为原始分，将社会评价中三个满意度的平均值作为县市区教育工作的总教育满意度，并将总教育满意度作为系数，原始分与总教育满意度之积为该县市区的最终成绩。这一做法放大了社会评价的功效，使社会评价在督导评估中占有举足轻重的地位。

综合督导方案设计的总分一般为 1000 分，这样的话，如果总教育满意度相差 0.01 分，就意味着最终成绩相差约 10 分，教育满意度事关成绩和名次。这样，就"逼迫"县市区着力解决损害群众利益的问题，化解矛盾，满足群众多层次、多样化的教育需求。

以 2011 年为例，在社会评价上，潍坊市共调查社会各界群众 8590 名，代表委员 1800 人，学生家长 6500 人，企业 3000 家。

差异性原则：方案指标计分设计既看县市区的基本教育水平，也看年度发展状况。由于县与县之间经济发展不平衡，教育发展也存在一定的差异性。在对县市区督导评估中，"中小学公用经费"、"教师工资待遇"、"学校标准化建设"等指标，如果用一把尺子来衡量，就会使教育发达的县市区高枕无忧、稳操胜券，导致其缺乏发展动力，更严重的是挫伤了基础相对薄弱的县市区教育发展的积极性。因此，在制定这些指标的计分办法时，既看县市区既有的教育水平，也看其教育发展增量，使经济不太发达的县市区看到赶超先进县市区的希望。

坚持差异性原则，还基于这样一种思考：各地不同的经济条件、教育基础，决定了依法治教的过程只能是逐步推进的过程，因此要正确处理好依法依规督导和调动县市区教育工作积极性的关系。

如 2012 年的综合督导方案中，"学校标准化建设"指标的计分办法为：寿光、诸城、高密（三者为"省教育工作示范县"）和青州市（"省推进义务教育均衡发展工作先进县"）所有中小学基本实现标准化计满分，否则酌情扣分；其他县市区按完成全市 400 所农村小学标准化所分任务的比例计分。

这种情况在"教师工资待遇"指标中

也发生过。全县平均工资水平居潍坊市中游的昌邑，在2012年督导时，本指标得分最低，因为该县与上年相比没有实现增长，又达不到"各项工资政策执行到位"从而得满分的层次，按照计分办法，只能位居末席。

连续性原则：把继承与发展串联起来，环环相扣、步步为营地把教育工作推向深入。这主要体现在以下两个方面。

一是确保工作连续性。坚持本年度约70%的指标与上年度基本相同，给各县市区教育工作确立一个相对稳定的发展目标。这样有利于引导基层围绕督导内容持之以恒地向纵深推进，不至于"东一榔头，西一棒槌"地让人无所适从。约30%的调整指标用于年度重点工作，体现与时俱进。二是体现在对上年发现问题的整改上。督导室每年都会把上年度督导评估对县市区提出的整改落实情况以较大的权重列入本年度的评估指标体系。

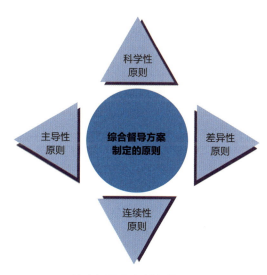

综合督导方案制定的原则

2013年的督导方案共有6个A级指标，28个B级指标，其中有22个B级指标为上一年度已有指标，其余为2013年的新增指标，如国家职教试验区工作推进、管理体制改革、百兆校校通、示范性中职学校建设、代课教师问题解决等，都是2013年新的重点工作。

督导方案确定后，就成为引领全市全年教育工作的指挥棒和风向标，方案列出的内容也成为各县市区工作的着力点。这样，潍坊市就形成向重点工作进军、在重点工作上突破的工作格局。年终大盘点，以督导成绩排座次，以重点工作的成败论英雄。

2013 年潍坊市对县市区教育工作督导评估方案指标体系

一级指标		二级指标	
指标名称	分值	指 标 名 称	分值
A1 安全稳定	150	B1 校园安全	100
		B2 规范办学	20
		B3 学生体质健康	30
A2 教育改革	150	B4 普通高中星级学校创建	20
		B5 国家职教试验区工作推进	30
		B6 管理体制改革	100
A3 经费投入	160	B7 义务教育公用经费	50
		B8 两项附加	50
		B9 计提教育资金	20
		B10 教育资金管理	20
		B11 学生资助	20
A4 办学条件	200	B12 学校标准化建设	60
		B13 校舍安全工程	10
		B14 城区学校建设	30（50）
		B15 示范性中职学校建设	20（0）
		B16 百兆校校通	20
		B17 学前教育三年行动计划	60
A5 教师队伍	200	B18 新教师录用	50
		B19 教师待遇	30
		B20 校长职级制改革	60
		B21 教师编制管理	20
		B22 职称制度改革	30
		B23 代课教师问题解决	10
A6 社会评价	140	B24 家长满意度	30
		B25 群众满意度	30
		B26 代表委员满意度	30
		B27 行风评议	20
		B28 舆情评价	30
J 奖惩指标	100	义务教育发展基本均衡县市区创建（30分）、省市督导问题整改（30分）、学校标准化建设示范市区和示范镇街创建（20分）、公用经费提高（10分）、民办学校建设（10分）。中考改革、课程落实、国家教育考试管理、控辍等方面出现问题的，给予减分处理。	100

■ 督导过程公开透明

督导的过程直接影响着督导方案的落实和督导效果的达成，为此，潍坊市采取多种方式保证督导过程的公开透明。

改多头检查为集中合一

为改变多头检查这种现象，2002年，潍坊市教育局出台《潍坊市教育局机关工作"五统一"管理办法》（2012年进行了重新修订），即对会议（活动、文件）、培训（出国）、评比（检查）、用人（表彰、奖励）、收支等五方面工作实行归口统一管理，其中"督导室统一管理各种评比、检查、评优活动，原则上统一纳入综合督导"一条，意味着取消科室自行组织的一切检查、评优、达标、验收活动，将此类活动统一纳入对县市区的教育综合督导评估。这样就节省了人力、财力、物力，提高了办事效率，减轻了基层负担。

如2013年，潍坊市督导室牵头整理汇总对县市区开展的检查、达标、验收项目，将收集的27项检查、达标、验收项目报市教育局常务会议研究，局常务会议只确定了9项对基层的检查、验收、达标项目，并且针对这些项目建立了满意度评价制度，进行了满意度评价。

a. 全员参与

在潍坊，教育督导是市教育局各科室（单位）广泛参与的"全员工程"。除了督导方案制定共同讨论协商外，在督导实施上，也几乎所有的科室（单位）都要参与，相关指标的具体实施细则、督导过程的控制，直到督导指标成绩的确定，都由相关

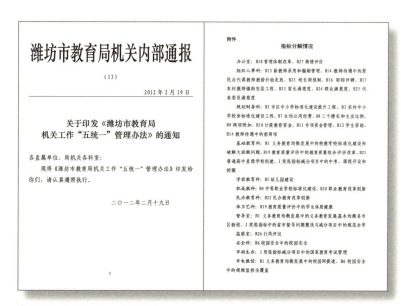

各科室既相对统一，又各司其职

科室（单位）全权负责，市督导室负责牵头调度。这种"督导搭台、科室唱戏"的督导模式，既保证了督导结果的准确可靠，也有利于工作的推进落实，因此受到基层的广泛认可。

各项重点工作通过综合督导推动落实，也通过综合督导发现问题、解决问题、矫正政策，综合督导已成为市教育局管理体系中的重要环节。

b. 公开公示

每年对县级政府实施综合督导前，潍坊市委、市政府会联合下发督导通知，市政府教育督导室、市教育局、市财政局等有关部门组成教育督导团，并邀请市人大、市政协和新闻媒体全程参与监督。

督导人员每到一个县市区，不听汇报，只举行简单的抽签仪式，由分管的县（市区）长抽签，确定抽查的两个镇（街道），到镇（街道）后，再抽签确定被查的学校。督导人员每到一处学校，都在被督导学校的门口或报栏等醒目位置张贴督导公告，公开监督举报电话。

为了明确责任并体现严肃性，每一个督导项目结束后，督导者与被督导者双方都要对督导的基本事实和结果签字确认。各指标的督导成绩得出后，要发到县市区进行公示，公开接受质疑，一般公示 3 天，经过充分的交流辨析后最终确定督导成绩，这样就确保了督导结果的真实可靠，从而也确保了督导的公信力。

在有一年的综合督导中，督导室收到一封群众来信，反映某县某学校在督导时弄虚作假，将体育器材从商店运来充数，让教师从家中搬来电脑放到学校作为学校配

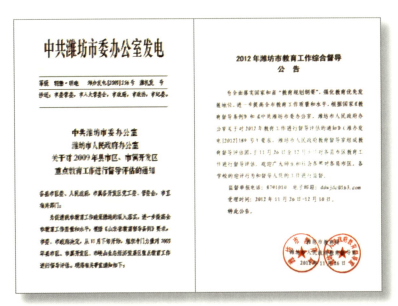

公开公示已经成为新常态

备的教师用机。当时，对这个县的督导已经结束，但督导室仍组织人员对情况进行了核实。在确认举报人所言属实后，督导室与有关科室商议后，决定判定该县有关指标为零分，并进行了通报批评。

c. "三自四禁"

为了减轻基层负担，更主要的是为了确保督导评估的公正公平，潍坊市出台"三自四禁"的规定——对县市区教育综合督导时，市督导团车辆自备，食宿自理，费用自出；禁止接受宴请，禁止饮酒，禁止收受礼品，禁止基层陪餐。违规者将被清理出督导队伍，并给予党纪政纪处分。潍坊市以这种近乎决绝的态度斩断一切可能的徇私舞弊、评分不公。另外，实行联络员制度，即每个督导项目只允许一名县市区同志作为联络员进行陪同，其他人员一概不得陪同。

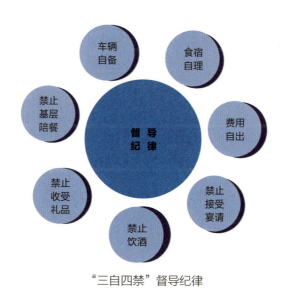

"三自四禁"督导纪律

d. 跟踪整改

督导评估的一个重要目的就是通过信息反馈，促进被督导评估单位改进工作，跟踪整改制度为此而建立。

全市综合督导评估结束后，由市委、市政府向各县市区党委、政府和市直各有关部门下发《关于对县市区教育工作督导评估情况的通报》。同时，市政府教育督导室对各县市区政府逐一下发反映各自教育工作状况的《督导评估反馈意见》，并要求各县市汇编《整改问题备忘录》，以此作为下年度综合督导评估的一项重要内容。

这样，就促使各县市区对提出的整改问题不敢轻视，认真研究解决，如期完成整改任务。这也是潍坊教育督导工作富有实效的一个重要原因。

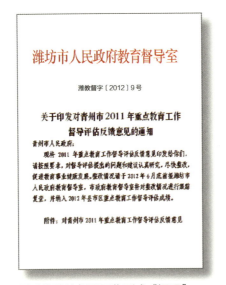

跟踪整改让督导工作形成"闭环"

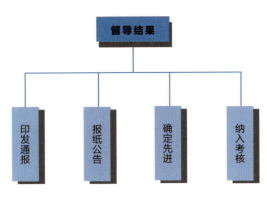

确保督导结果公开透明

■ 督导结果公开透明

每年督导结束后，市委、市政府在行政系统内部印发督导结果通报，指出当年教育工作取得的成就及存在的问题，提出工作建议，并公布督导成绩。

接下来的潍坊市"两会"期间，《潍坊日报》登出上年度对县级政府教育工作督导公报，将每个县市区每项指标的成绩公之于众，营造让广大人民群众了解教育、监督和保障教育发展的强大舆论氛围。

为了强化督导效果，潍坊市还按照督导成绩，直接确定年度教育工作先进县市区，督导成绩也作为对县市区党政主要领导及分管领导进行政绩考核的重要依据。

在媒体公开督导结果，将教育综合督导由行政内部监督考核变为社会监督，既促进了各县市区真抓实干，使政策措施在基层得到落实，又反过来促进了市教育局所有参与督导的人员必须求真务实、精益求精。

与别的地方只公布优秀、良好等模糊名次不同，潍坊市将所有 A 级和 B 级指标的成绩一一进行刊登。无论城市，还是乡村，人们都能看到督导公报，都能谈论督导公报。某县委书记曾经真诚地说道："教育成绩登在报上，群众眼睛看着、嘴上说着，办不好没法交代！"媒体起到了超乎寻常的作用。

潍坊市直接通过媒体对教育工作打分数、排座次，触动了各县市区党政领导的神经，使他们真正做到优先发展教育。

让督导结果变得公开透明

4 | 潍坊教育新变化

潍坊市每年一次的教育综合督导，不但是教育系统的大事，也成了各县市区党政领导的"特别关注"。教育综合督导的最大价值就在于将教育行政行为成功地转化为党政行政行为，教育综合督导由行政内部监督考核变为无法回避的舆论和社会监督。这一转变使得县级层面调动一切积极因素改善办学条件，提升教育质量，形成对教育事业强有力的推动。

■ 潍坊教育督导模式的价值

潍坊教育督导模式克服了不少地方教育督导评估的弊端，保证了教育督导评估的公信力和权威性，有效破解了制约教育督导评估作用发挥的几个关键问题。

一是形成上下一致的共同追求目标。每年督导评估方案中的指标都要经过充分论证和广泛协商，真正体现年度全市教育事业的发展要求，符合各县市区教育实际需要，形成市、县（市、区）、乡（镇）三级政府及学校一致认可和共同追求的目标。

二是减少了督导评估过程中的徇私舞弊、弄虚作假行为。潍坊市把督导评估的全过程置于被督导者及社会各界的监督之下，公开透明，保证了督导评估结果的客观公正。经过13年的考验，在各县市区树立了教育督导客观公正的良好形象。

三是纠正了不敢大胆使用督导评估结果的现象。因为公开和透明，所以对督导评估结果的真实性有信心，潍坊市每年都把各项督导评估指标的结果通过《潍坊日报》向全社会公开，直接将督导评估成绩作为表彰教育工作先进县市区的依据，并且向组织部备案，将其纳入对领导干部的业绩考核。

■ 教育督导推动潍坊教育持续健康发展

12年来，教育督导以撼动人心的魄力，"督"出了各级党委政府依法治教、全社会关心支持教育的新气象，"导"出了教育发展良性循环的主旋律。

一是教育经费不断增长。潍坊市预算内教育经费支出占财政总支出的比例连续8年（自2006年起）名列全省第一，每年都超过25%，高出全省平均约7个百分点。义务教

临朐县是国家级贫困县，教育基础薄弱，在多年的督导评估中成绩排在后三名。2008年新的县委书记刘建国上任后，确立了以教育为突破口推进各项事业发展的工作方针，连续三年，举全县之力建设标准化学校，调整学校布局，改善学校办学条件，走出了一条山区经济欠发达县发展教育的成功之路。2010年，临朐县为山东省校舍安全工程会议提供现场。这一年，临朐县的督导评估成绩力压经济发达县市，拔得头筹。

2011年的潍坊市"两会"期间，临朐县委书记刘建国给市教育局张国华局长打电话，询问"为何督导成绩迟迟没有见报"。这一细节反映出教育督导结果真正成为各级党政、教育部门和学校领导每年最关注的大事之一。

育公用经费全部达到省定标准。"两项附加"的征收和拨付全部达到了100%。

二是教师工资连年增长。潍坊市中小学教师月均工资从2006年以来年均递增17.03%。

三是教师队伍不断优化。2006年至2013年，8年间引进大学毕业生15589名，80%以上安排到了农村学校任教。农村教师老龄化问题得到有效缓解，极大改善了农村学校教师结构。潍坊市基本建立起退补相当的教师补充机制，教师队伍年龄和结构基本合理。

四是学校硬件建设突飞猛进。中小学校舍安全工程进展顺利。2009年至2012年年底，累计投资79.6亿元，改造校舍786.4万平方米，投资规模、改造面积均居全省前列，圆满完成了中小学校舍安全工程四年规划任务。义务教育发展基本均衡县通过国家督导认定的数量居全省之首，通过比例居全省前列。

五是教育信息化水平显著提高。实现专任教师人手一机，建成了覆盖城乡各级各类学校的教育城域网，学校光纤接入率达到100%，学校多媒体教学班班通配备率达到100%。建成功能完善的潍坊市数字教育应用服务平台，城乡中小学校普及了网络办公和网络教研，实现了优质教学资源共享。

六是改革创新深入推进。潍坊教育综合督导推动了一系列重大改革制度的落实。这些改革激活了教育的各个元素，改变了潍坊教育生态，为潍坊教育始终走在全省乃至全国的前列奠定了坚实的制度基础。校长职级制、中考招生制度改革在潍坊持续推进，取得重大成功。潍坊市建立起市、县、校上下贯通的12项"育人为本"制度体系，

"育人为本"由理念转化为可操作的制度措施。建立起市对县、县对学校的办学满意度群众测评制度，让家长和学生的意见影响到校长和教师的去留进退。国家职业教育创新发展试验区在潍坊落地，潍坊职业教育步入发展快车道。

潍坊市公开透明的教育综合督导制度，使全市上下呈现出求真务实、创先争优的良好精神风貌，教育综合督导成为全市上下求真务实、锐意进取的载体。

近年来，潍坊市教育局先后荣获山东省人民满意的公务员集体、全国精神文明先进单位、全国教育督导工作先进集体、全国创先争优先进基层党组织等荣誉称号。在山东省教育厅对17地市的教育督导中，潍坊市成绩一直位居前列。在山东省委、省政府组织的地市科学发展综合考核群众满意度调查中，潍坊市的教育工作满意度自2009年起连续四年名列第一。

潍坊教育督导是与时俱进的，随着各级政府依法治教的意识不断增强，教育的目标职责不断明确，教育的政府行为得到较好落实，潍坊教育督导的重心逐渐向"督学"和"教育质量监测"转移。

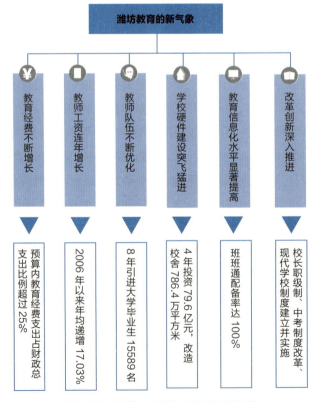

教育督导"导"出了潍坊教育的新气象

督学责任区：
让督导创新走向深化

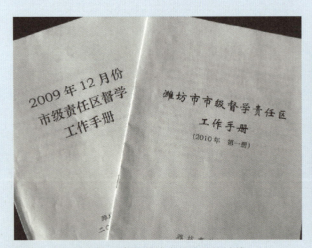

督学责任区公示牌

市级督学：冯秀红	投诉电话：8096398
县级督学：郭华坤	投诉电话：18553602613
王世进	投诉电话：13793683926

"督学责任区公示牌"，上面明确公示市、县两级责任区督学的姓名和违规举报电话

每月一次的督学培训会是潍坊市教育局的铁律

全国督学责任区制度建设经验交流暨现场会议在潍坊召开

责任区督学深入偏远学校和薄弱学校检查、调研、指导工作

督学活
动转化
为成果

责任区督学在深入学校督导过程中撰写的大批督导报告、调研报告，为领导科学决策提供了重要的第一手资料

随着"刚性督政"的推行，潍坊的教育逐渐成为惠及当地民生的重要行业之一。但是，随着社会形势的发展，人们对优质教育的标准要求越来越高。

潍坊的教育决策者们也敏锐地意识到教育中出现的新问题，如教育主管部门无法掌握国家和上级部门的重要决策在基层学校的落实情况，加班加点、乱收费、体罚学生等违规办学行为屡禁不止，学校安全隐患多等情况。

此外，教育行政部门和教研部门习惯于关注城区学校和重点学校，轻视或忽视薄弱学校和农村学校，教育公平无法得到落实。

变化的社会形势、日益复杂的教育局面以及由此滋生的难点问题，使得潍坊教育决策者们意识到：转变教育管理方式，强化和改进教育督导工作，成为应对时代挑战的必然选择。

这就促使了潍坊督导制度由"刚性督政"向"督政"与"督学"并重的局面转变，即全面建立督学责任区制度，初步构建起把每一所学校和教育机构都纳入监管范围、让每一所学校和教育机构都能共享公共管理和服务资源的行业监管体系。

如果说"刚性督政"打造的是教育的外驱力，那么"督政"与"督学"并重则是内外双修。

1 | 督学责任区诞生记

潍坊市的督学责任区制度是督导体制的一项重要创新，这项创新不是来自理论和教育局领导的"拍脑袋"，而是肇始于教育第一线反馈的信息。因时而设，因需而生，这就决定了督学责任区具有强大的生命力。

■ "行风评议"引出随访督导团

"孩子们实在太辛苦了，晚上写作业一般都要熬到 10 点、11 点多，早上 5 点多就急急忙忙往学校里赶。你们早上到大街上看看吧，第一批行人除了环卫工人，就是学生和家长。孩子们连觉都睡不足，让人心痛啊！"

潍坊市教育局局长李希贵刚上任，就收到城区一位老人的来信，这让他颇受刺激。围绕这封沉甸甸的信，教育部门展开了深刻的反思与追问。为什么我们的"行风评议"排名居下？人民群众对教育的不满意根源在哪里？根源在于学校办学行为不规范！

2002 年，潍城、奎文、坊子、寒亭 4 个区的教育局在政府 50 多个部门"行风评议"排行榜上仅居中下游，有的还在末位徘徊。

潍坊市教育局压力不小。

加大教育投入、改善办学条件、扩大办学规模，政府给予了大力支持。但打铁还要自身硬，如果教育的内涵发展不能让家长和社会满意，那么这种阳光灿烂的外部环境，很快就会晴转多云。

教育局进行了分析，发现家长的意见主要是由学校引起的，如学校收费过乱，课业负担过重，学生在校时间过长，教师有偿家教……这些问题，年年都强调，分管科室也经常下去巡查，但全市三千多所学校、幼儿园，跑断腿也不能全跑到，按下葫芦瓢起来。

看来，抓教育督导，"矛头"仅仅向外强力"督政"远远不够，还必须勇敢"向我开炮"，面向教育自身严格细致地"督学"。

改革就从城区学校规范办学入手。

接下来的问题是：有什么办法能让督导的触须延伸到教育的每个角落呢？

"要找一些 40 岁左右的人，天天到学校里去跑……到班里听听课，了解情况，监督计划、政策的执行，然后回来报告，这样才能使情况反映得快，问题解决得快。"邓小平同志 20 世纪 80 年代关于督导的一段话，令大家醍醐灌顶。

不久，一支特别的随访督导团组建起来。督导团成员是十几位退休离岗的中小学校长、主任、教研员。这些老同志品行端正，热爱教育，有担当精神，有责任意识。他们被委以重任，重点巡查市区学校学生负担过重、在校时间过长等情况。

两年下来，手持"尚方宝剑"的随访督导团的劳动成效显著：市区学校的种种问题得到有效遏制；再一次"行风评议"，4个区的教育评价跃居潍坊市前列。

■ "随访督导"常态化

随访督导团的劳动成效显著，但是，时任潍坊市教育局局长的张国华看到的却是

另一面：规范办学行为不能"东一榔头，西一棒槌"地乱敲打，更不能"头痛医头，脚痛医脚"地乱治病，如何把"随访督导"扩展到全市学校，做到常态化？

他觉得，教育督导必须形成健全的长效机制。教育局每年确立的改革项目、重点工作，确实也需要这样一支队伍来督导推动。为什么不能借鉴当年"包产到户"模式，搞一个督学责任区，实行教育"包督到户"呢？

经过广泛讨论，征求意见，教育局领导班子觉得这个办法可行。2006年，潍坊市教育局下发《关于建立潍坊市教育督导责任区制度的通知》（简称《通知》），将该制度推行到全市所有中小学校。

确立教育督导责任区制度

奎文区督学责任区划分情况一览表（一）

市负责人（联系电话）	县市区负责人（联系电话）	责任区督学（联系电话）	负责乡镇学校名单		学校负责人	联系电话
			乡镇	学校		
郝××	张×	王× 863××××	铜城街办	奎文区后车小学	施××	133××××××××
			南苑街办	奎文区南苑学校	孙××	135××××××××
		亓×× 139××××　××××	区直	奎文区友好学校	张××	138××××××××
				奎文区新华中学	付××	135××××××××
				奎文区金宝双语学校	张××	138××××××××
		谭×× 137××××　××××	梨园街办	奎文区樱桃园小学	武×	138××××××××
			区直	奎文区樱园小学	杨×	138××××××××
		尹×× 208××××　××××	廿里堡街办	潍坊十一中	潘××	136××××××××
			廿里堡街办	奎文区育华小学	曹××	135××××××××
			区直	奎文区中新双语学校	王×	139××××××××
		王×× 138××××　××××	区直	潍坊十四中	李××	137××××××××
				奎文区民生街学校	胡×	138××××××××
		李×× 139××××　××××	区直	潍坊实验小学	周××	138××××××××
				奎文区幸福街小学	罗××	138××××××××
				潍坊育英学校	逄×	136××××××××
		韩×× 863××××	区直	潍坊育才学校	李×	136××××××××
			大虞街办	奎文区孙家小学	王×	139××××××××
			区直	奎文区先锋小学	武×	139××××××××
		王×× 138××××　××××	区直	奎文区北宫大街小学	管×	138××××××××
				潍坊十三中	纪××	139××××××××

　　2009 年，潍坊市政府在总结实践经验的基础上专门印发了《关于建立督学责任区制度的意见》，明确规定全市设立市、县两级督学责任区，分别由市、县两级教育行政部门负责管理。市级督学责任区 14 个，每个市级督学责任区一般负责 1 ~ 2 个县市区。县级督学责任区 145 个，每个县级督学责任区一般负责 20 ~ 30 所中小学、幼儿园或培训机构。市、县两级教学研究人员和教育行政部门业务科室的工作人员，符合条件的全部聘为兼职责任区督学，按照"一岗双责"的要求，在做好常规工作的同时，具体承担起对责任区学校的督导责任。潍坊市配备市级责任区督学 68 人，县级责任区督学 573 人。每个责任区安排督学 4 ~ 6 人，其中行政管理人员和教学研究人员各 2 ~ 3 人。这些督学全部为教育行政部门和教研部门在职人员，占全市教育行政干部和教研人员总数的 60% 以上。

督学责任区制度正式确立

至此，潍坊市 3300 所中等及中等以下各级各类学校和教育培训机构都能享受公共教育管理和服务资源，这些学校的管理和教学工作得到了全面监督和指导。

有数据显示，2010 年，12 个市级督学责任区、57 名督学共对潍坊市 1000 余所学校（包括幼儿园）进行了督导，检查课堂教学 380 节。督导学校数占全市中小学（包括幼儿园）总数的 30%，乡镇（街道）覆盖率为100%，平均每个督学在基层督导约 20 天。

当年，县级 156 个责任区、近 600 名督学几乎将所有学校督导一遍。市级督学通过实地调查、座谈交流、推门听课等方式，发现了基层和学校存在的突出问题 267 个，涉及学校安全、教师队伍、教育经费、学校管理、规范办学、机构编制等方面，其中 102 个问题得到及时解决，其余问题反馈给主管部门，要求限期解决。

根据发现的问题，市级督学面向全市提出工作意见或建议 165 条，其中 47 条被市教育局常务会议采纳。督学责任区"调研实情，服务决策"的作用初步显现出来。督导巡查中，各责任区督学共提报经验典型 155个，涉及教育管理、课堂教学、师德建设、素质教育等各个方面，其中 35 个上报市教育局常务会议，经反复审议后采取多种方式予以推广。

2 | 督学责任区的几个关键词

督学责任区到底是怎么运作的？怎样才能让督学责任区真正发挥作用？督学责任区发挥了哪些作用？要回答这些问题，我们有必要理解督学责任区的几个关键词。

■ 机关干部变身督学

潍坊市成立督学责任区办公室，设在市政府教育督导室下面，由市政府教育督导室、市教育局办公室、市教育局人事科、教育督导巡视团等部门的人员组成。县市区也基本采用此类模式。2010年，县级责任区数量为156个，督学人数为近600人。潍坊市下辖的昌邑市还在各中小学设置了市、镇（街道）、校三级督学办公室，为市、县级督学提供工作活动的场所。

市教育局机关全体人员除个别特殊岗位外，全部兼职督学责任区工作。另外，市教科院、市职教室、市电教馆、市实验教学研究中心、市校安中心的教学研究人员和专业技术人员等，也一并纳入责任区督学队伍。

局机关每个科室对应一个市级责任区（一个市级责任区大体负责一个县市区），市教科院和市职教室分别单独组成全市普通高中督学责任区和全市职业学校督学责任区，其他市教育局直属单位有关人员编入局机关科室对应的责任区。

潍坊市全面建立督学责任区制度，实行责任区组长负责制。责任区设置一年调整一次，避免重复，力求使机关人员尽可能多地了解基层学校。

潍坊市之所以将机关干部、教研人员等纳入责任区督学队伍，是教育部门转变职能、改进作风、服务学校的一种需要。通过发挥督学责任区的作用，强化与基层的联系，验证教育政策，指导学校教育教学，促进教育事业的科学发展。按照市教育局的长远规划，教研员兼职责任区督学是教研员向真正的督学转型的开端。

责任区督学的主要职责

对学校贯彻落实教育法律法规和上级教育政策规定情况进行监督，促进学校依法办学，规范办学行为。

对学校管理和教学工作进行指导，督促学校提高管理水平和教育教学质量。

对学校安全管理工作进行检查指导，确保学校安全稳定。

发现、推广、引进先进管理和教育教学经验、做法，提高学校办学水平。

对学校教育教学和管理工作中存在的难点、热点问题进行调查研究，向政府及教育主管部门提出改进意见和建议，帮助学校发现问题、解决问题。

■ 随访督导

随访督导是教育督导的方式之一，即对被督导对象进行事先不打招呼的直接督导，一般以调查了解、发现诊断、帮助指导为主要目的。坚持随访督导方式，一是减轻基层的迎查负担，二是获取基层实情的一种现实需要。

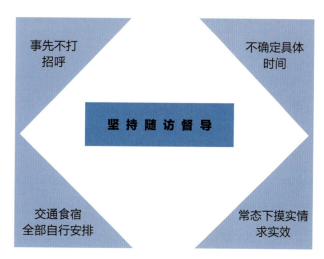

随访督导纪律

具体到每一次督导的任务，督学既有规定动作，也有自选动作。所谓规定动作，就是督学必须完成的督导任务，由市教育局常务会议确定；所谓自选动作，就是一些常规性工作任务，督学在督导检查时选择一两项自主完成，主要有校园安全、规范办学、师德问题、学生巩固率等。

责任区督学开展督导活动的方式包括与校长师生座谈交流、听课、列席会议、访谈问卷、查阅资料、校园巡视等。责任区督学督导时交通食宿全部自行安排，不增加县市区和学校的负担。

市级责任区督学每月至少要拿出3—5天的时间，到所负责的县市区督导一次，确保每学年对县市区的各镇（街道）以及各类学校都能督导一遍。责任区督学每次在一所学校的工作时间不少于半个工作日。县级责任区督学参照市里做法，做到每月拿出几天时间到学校督导，确保对责任区内所有学校的督导每学期不少于两次。责任区督学每次在一所学校的工作时间不少于半个工作日。大力提倡一校一日督导和一校一周调研性督导。

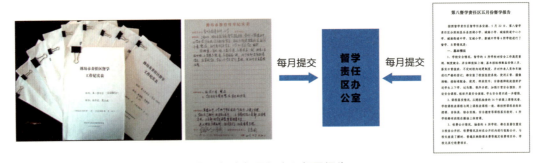

每月提交督导纪实和督导报告

链接

杜晓敏是市教育局基教科科长，她办公室的墙上除了一张潍坊地图外，还有一张安丘市的学校分布图，因为安丘市是她的责任区。每个月，她都会按照地图标识去安丘市督导一至两次。

自从担任了责任区督学，她对安丘市区域内的学校布局、师资配备、教育质量等更是到了如数家珍的地步。她坦言，现在感觉知识有些不够用，政策法规、安全知识、教育教学等都需要"补课"。"代表市教育局下去，不能丢脸啊！"

葛立波是潍坊市教科院的教研员，作为市教育局的责任区督学，他督导的重点是课堂。他每年在责任区学校听课不下 30 节，除了本专业的高中语文外，还有物理、生物等科目，听后必评是他的听课原则。

2013 年 5 月，他准备在某学校开一场报告会，就学校课堂听课期间发现的一些问题进行集中讲解。他说："督学这个岗位使我对基层的教学现状有了更清楚的认识，收获不小。"

■ 一把手工程

在潍坊，督学责任区工作由局长直接挂帅，亲自安排部署。

2010 年 2 月，在市级督学责任区 2009 年度亮点工作展评大会上，张国华局长做了指导性讲话。他指出，要从转变职能、建设服务型政府的角度来看待这项工作，实现教育公共服务的均等化。

市教育局常务会议每次都对督学责任区总报告进行认真研究。2010 年第 11 次市教育局常务会议高度肯定了其中的 10 条信息，如建议实施学校开学预查制度、校车费用造成农村学生家庭负担过重问题应引起重视、潍坊应提高班主任津贴的建议等，事后不少都纳入教育决策，有的甚至直接发文实施。

督学责任区制度要求：纪实表在督导学校当场填写，由校长确认签字；督导报告则是督导结束后撰写，是对整个督学责任区一个月工作的总结。

督导报告中有成绩，有问题，还有建议。市教育局每年组织一次优秀督导报告评选，这在一定程度上锻炼了督学分析、解决问题的能力。行有余力的情况下，督学们还可以利用责任区这个平台，开展一些自设的调研活动，充分施展自己的才华。

张国华局长将督学责任区看作是市教育局转变职能、强化服务的重要平台。从 2010 年开始，他连续 4 年将督学责任区工作列为市教育局重点工作项目，每次都有不同的工作侧重。

2012 年年初，他更是指出，要将教育督导尤其是督学责任区发现的问题全部分解落实，督促责任主体确保整改到位，并将其作为当年完善督学责任区工作的重要环节。这一年，"完善教育督导发现问题的解决机制"，作为全局 40 个重点项目之一确立下来。

督学责任区工作要把握三项重点，做好四个结合，注意五个问题

三项重点：重大决策部署的贯彻落实，传递、推广先进的办学理念，发现问题、解决问题。

四个结合：把督学责任区工作和本职工作做到有机结合，把督学责任区工作和教育惠民服务中心、市长热线的工作有机结合，把市级督学责任区与县级督学责任区有机结合，把督学责任区工作与提升个人的素质、境界、能力有机结合。

五个问题：督学的培训提高问题，相互交流学习问题，创建内部刊物问题，研究使督学责任区工作成为县市区、学校喜闻乐见的活动问题，研究使责任区督学成为一个有着巨大荣誉感、幸福感、成就感、值得珍惜的岗位问题。

自 2012 年开始，督学责任区办公室将督学提供的有价值的典型和建议，按业务属性逐一分解到相关科室、单位研究，看是否推广或吸纳，出现的问题则以整改通知书的形式下发到县市区，限期整改并上报整改情况。

同时，督学责任区办公室还建立问题台账，实行销号制度，并对县市区的问题整改情况实行抽查。这样，就形成了比较完整的督学责任区工作链条，确保了督学责任区的工作实效。

每月市教育局常务会议之后，督学责任区办公室牵头，召开一次全体责任区督学工作例会。一是部署安排接下来的督学责任区工作，明确督导重点，由相关科室对某项工作如何督导进行具体讲解说明；二是通报上次责任区工作有关情况；三是开展督学工作心得和工作方法的交流研讨。

为了解决督学到校时间短、调研指导难深入的问题，2011 年 8 月，市教育局又专门发出通知：要求市、县两级督学开展"一校一日督导"、"一校一周调研性督导"活动，在相对完整的时段内全程盯靠，深入、全面地了解基层工作实际；鼓励督学开展角色体验式调研，"当一天校长"、"当一天教师"、"当一天学生"，零距离感受基层工作状态，为基层学校和老师提供全方位的指导服务。

市教育局还设立专项经费，每年预算安排 40 万元，主要用于督学的交通费用和食宿补助。专项经费由市督导室负责，实行总量控制，由各责任区包干使用，结余用于奖励优秀责任区。

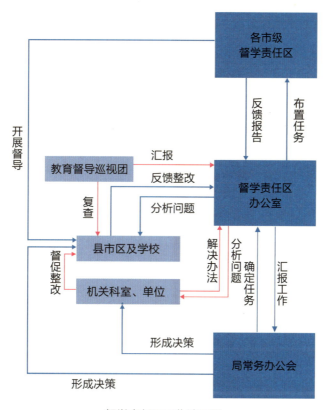

督学责任区工作流程图

■ 评优表彰和"一票否决"建议权

在明确督学责任的同时，本着"责、权、利"一致的原则，潍坊市还赋予责任区督学评优表彰和"一票否决"建议权。在各类教育先进集体评选表彰过程中，责任区督学推荐的先进典型具有推荐优先权，责任区督学不予认可的可建议"一票否决"。

2011年，市级责任区督学推荐的先进典型有8项获得市级以上表彰，而诸城一中、安丘一中、潍坊商校等学校，却因为

潍坊市学校民主管理先进单位评选市、县两级督学意见表

责任区督学发现其在办学行为等方面存在违规问题提出评优否决建议，被取消优秀等级。

另外，为了加强工作考核，市教育局制定了督学责任区工作绩效考核办法，考核结果与责任区督学本人年度考核以及所在科室（单位）年度考核成绩挂钩，各占15%的权重。实行局领导包靠责任区制度，每名局领导分工包靠1～2个责任区，参与相关责任区督导工作，组织协调、研究解决责任区内的相关问题。

在市教育局的影响下，各县市区也对本级督学赋予了各种职权。以昌邑市为例，县级督学拥有五项职权：对学校校长及中层干部有推荐任用、考核奖励的建议权；对所辖学校表彰项目的审查权；对所辖学校校长的约谈权；对所辖学校教育投诉的处置权；对学校重大事项的评议权。

综上所述，督学责任区工作在潍坊市绝不是应景式的设置，而是市教育局上下高度重视、制度体系完善、经费保障有力的重点工作，真正成为市教育局转变教育发展方式及部门职能的一大平台。

督学责任区对接、融入基层，帮助、指导基层，走的是真正的群众路线。2011年11月，在全省教育督导责任区建设工作会议上，张国华局长作为单位代表，做了经验介绍，赢得了与会者的高度肯定。

3 | "快速反应部队" 的 "快速反应"

　　督学责任区制度的实施，打造了一支"快速反应部队"。他们深入一线，快速解决一线问题；他们搜集信息，进行专题调研，为领导决策提供依据；他们关注教育公平，为薄弱学校的教育提升出谋划策。

■ 保证教育决策的贯彻执行

　　督学责任区制度的实施，一定程度上扭转了原有的"以会议贯彻会议，以文件贯彻文件"的工作落实模式，消除了听汇报、看材料所带来的信息虚假弊病，使基层的政策执行情况得以迅速反馈到决策层，从而也督促基层必须扎扎实实将各项工作要求落实到位，提高了教育决策的执行力。

　　比如校园安全检查、防控禽流感检查、食堂卫生检查、防汛防灾工作检查等，这些都是一些紧急事项。按照以往的工作程序，从制定方案、组织人员培训到下去工作，再到汇总上报，一般要一周甚至更长的时间。现在，利用督学责任区这个平台，市、县两级责任区督学共同行动，仅用两三天的时间就可以完成全覆盖的检查，有效促进了工作的落实。

　　2011 年以来，市级督学责任区先后重点对假期办班、教师有偿家教、标准化幼儿园建设、"育人为本"12 项基本制度落实、校园食品卫生、中小学生每天在校锻炼一小时、校舍安全等重点工作进行了督导检查，较好地掌握了基层的贯彻执行情况，促进了这些工作的落实到位。

　　如今，在潍坊，乱收费、强制征订教辅、加重学生课业负担、体罚学生等不规范办学行为已大为减少，2010 年对违规行为的投诉量比 2009 年下降了 41 个百分点，应该说这与责任区督学的随访督导是分不开的。

　　一些重点工作也正在通过随访督导得到扎实稳步推进，500 所普惠性标准化幼儿园建设有望提前完成，转变教育发展方式的"育人为本"12 项制度也在基层学校全面展开。"快"和"实"成了督学责任区工作的两大特点。

■ 促进决策科学化

　　在教育局机关干部中，有的长期脱离基层，也有的从大学直接到机关，对学校实际状态很不了解，经常出现说外行话、办外行事的不应有的情况。这就影响了教育行政部门的形象和权威。

督学责任区制度每月一次的调研式督导检查，使得教育局机关干部下基层成为工作的重要组成部分，督学们有机会了解熟悉基层工作，增强对学校工作的感性认识，也可以了解某些教育政策的利弊得失，从而加以校正。

近几年，潍坊市实施的"一通二热三改"（通校车，热水，热饭，改餐厅、改学生宿舍、改厕所）工程、"农村小学校校新进一名英语教师"工程以及市教育局每年确定的重点工作项目和每年对县市区综合督导指标的设置等，大多来源于责任区督学的督导建议。

在昌邑，不少校长感叹："如今的机关干部下基层，与以前可不一样了。原来是'钦差大臣'，只管发号施令，听汇报，盼着他们不来才好。现在不一样了，自从建立督学责任区以来，他们不仅积极帮助我们解决学校发展中存在的问题，还带给我们管理学校的理念、思路。我们自己也要向他们学习，拥有督学的素质，成长为'督学'，推动学校的发展。"

市级第二督学责任区是以职业学校为主体的责任区。2010 年以来，5 名市级责任区督学通过到 11 所民办中等职业学校督导，针对发现的学校管理水平低的问题，提出大量意见建议，还先后组织了 3 次全市民办学校校长和后备干部培训，并建立了和公办学校一样的民办学校校长定期培训和持证上岗制度。

■ 兼顾教育公平

督学责任区的制度化随访要求、网格化工作模式，使过去一年也难得来一次市、县级教育干部的偏远学校、薄弱学校，现在每学期至少有了两次直接接受市级或县级督学指导和服务的机会。一些农村学校的校长动情地说："现在不用出门，就能接受上级领导和专家的指导培训。"

督学们都是教育教学领域的行家里手，他们的到来直接给薄弱学校吹进了一股清新的风。再加上督学的指导是针对偏远学校、薄弱学校具体的一个个问题展开的，这种"手把手"的指导不仅效果立竿见影，而且还能让学校了解思考问题的过程，明白督导建议背后的来龙去脉，有助于校长和教师的专业成长。或许正是因为这个原因，那些偏远学校、薄弱学校才特别盼着督学们能去督导。在他们眼里，督导不是来"管"自己，而是来"指导"自己。

4 | 星星之火，亦可燎原

2010 年 4 月 12 日，全国督学责任区制度建设经验交流暨现场会议在潍坊召开，来自全国各省、市、自治区的代表 80 余人到会。潍坊市教育督学责任区建设的经验赢得了与会领导、专家和代表的高度评价。

这次会议后，全国各地掀起了建立督学责任区的热潮。到目前为止，潍坊市已经接待了近百个督学责任区工作参观考察团。

2011 年 11 月，国家教育督导团办公室在湖南长沙召开全国督学责任区制度建设经验交流现场会。长沙市和潍坊的昌邑市等 13 个单位做了经验介绍。

在全国各地探索实践的基础上，2012 年 5 月 4 日，教育部印发《关于加强督学责任区建设的意见》。以此为界，督学责任区建设有了国家的政策规定。

2012 年 8 月 29 日，国务院第 215 次常务会议通过并于 2012 年 10 月 1 日起施行《教育督导条例》，把督学责任区建设工作上升到国家法规的层面来推动。

至此，督学责任区制度以法律法规形式固定下来，成为我国教育督导制度的重要组成部分。

源于潍坊市的督学责任区工作，如星星之火，终于在神州大地燎原般传播开来。

《教育督导条例》

第十一条　教育督导机构对下列事项实施教育督导：

（一）学校实施素质教育的情况，教育教学水平、教育教学管理等教育教学工作情况；

（二）校长队伍建设情况，教师资格、职务、聘任等管理制度建设和执行情况，招生、学籍等管理情况和教育质量，学校的安全、卫生制度建设和执行情况，校舍的安全情况，教学和生活设施、设备的配备和使用等教育条件的保障情况，教育投入的管理和使用情况；

（三）义务教育普及水平和均衡发展情况，各级各类教育的规划布局、协调发展等情况；

（四）法律、法规、规章和国家教育政策规定的其他事项。

第十二条　教育督导机构实施教育督导，可以行使下列职权：

（一）查阅、复制财务账目和与督导事项有关的其他文件、资料；

（二）要求被督导单位就督导事项有关问题作出说明；

（三）就督导事项有关问题开展调查；

（四）向有关人民政府或者主管部门提出对被督导单位或者其相关负责人给予奖惩的建议。

被督导单位及其工作人员对教育督导机构依法实施的教育督导应当积极配合，不得拒绝和阻挠。

第十三条　县级人民政府负责教育督导的机构应当根据本行政区域内的学校布局设立教育督导责任区，指派督学对责任区内学校的教育教学工作实施经常性督导。

教育督导机构根据教育发展需要或者本级人民政府的要求，可以就本条例第十一条规定的一项或者几项事项对被督导单位实施专项督导，也可以就本条例第十一条规定的所有事项对被督导单位实施综合督导。

第十四条　督学对责任区内学校实施经常性督导每学期不得少于2次。

县级以上人民政府对下一级人民政府应当每5年至少实施一次专项督导或者综合督导；县级人民政府负责教育督导的机构对本行政区域内的学校，应当每3至5年实施一次综合督导。

第十五条　经常性督导结束，督学应当向教育督导机构提交报告；发现违法违规办学行为或者危及师生生命安全的隐患，应当及时督促学校和相关部门处理。

教育督导巡视团：
创造督导新机制

深入一线，调查学生课业负担

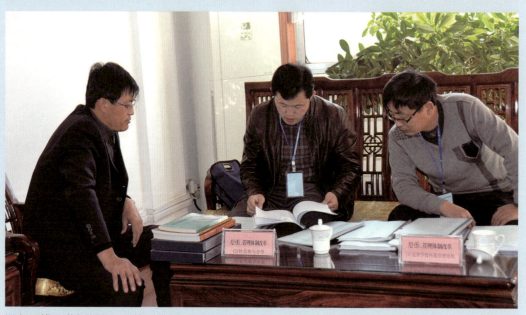

深入一线，进行调研、评估

尽管潍坊教育督导制度推行得顺风顺水，但是在督导结果的使用和问题的处理上，潍坊市又碰到了一些体制上的困惑。

最明显的是，教育局经常会接到对基层和学校办学行为的各类投诉，如果由教育局来查办，不仅在时间和人力上显得力不从心，而且往往碍于情面和利益牵扯，出现大事化小、急事拖延的现象，难以保证评估结果的客观公正。

潍坊教育决策者经过反复讨论研究，达成共识：必须让教育督导走向深化，为教育改革驶向"深水区"保驾护航。

于是，潍坊市引入市场机制，聘用部分已离职的教育专家、学校校长、督导专家、教研人员等组建了潍坊教育督导巡视团。

市教育局以"购买"服务的方式，每年拿出专项经费，将学校违规办学行为的调查权、监督权和部分学校评估项目承包给教育督导巡视团。

这在国内教育督导领域开了一个先例，也让潍坊的教育督导真正"硬"了起来。

1 一个创新机构的诞生

■ 投诉催生的教育督导巡视团

经过多年教育督导，实施督学责任区制度，潍坊市的中小学规范办学行为已颇见成效，但是随意增减课程课时、组织学生加班加点、乱订教辅资料、体罚学生、有偿家教等种种违规现象还是时有发生。

为了根治这些问题，给群众一个满意的交代，2008年5月，潍坊市教育局成立了教育惠民服务中心，其中专门设立了教育投诉与咨询中心，及时受理各种投诉咨询，再将投诉信息转给相关科室查实纠办。

短短几个月的时间，投诉信息如雪片般飞来，教育局相关科室人员焦头烂额，难以应对：一是科室人手不够，无法将投诉进行一一调查；二是由于工作上与基层学校、教育部门往来较多，人员熟识，常常碍于情面，不好解决。既当运动员又当裁判员，如何当得好？！

当时，张国华局长想，必须建立一种切断相关利益链条的机制，让教育督导免受干扰，轻装上阵，公正公平地发挥作用。

他想到了第三方服务。

但是督导不同于一般教师培训，也不同于家庭教育和心理咨询，在潍坊，督导是能够影响和制约教育全局的大事，谁能提供高品质的督导服务呢？这可是个需要慎重考虑的问题。

制度设计，让裁判员不当运动员

一个清瘦的身影进入了张国华的视野——潘永庆！

潘永庆，潍坊市教科院原副院长，2007年年底已经退休，尽管年龄不过五十多岁，但大家都喜欢称其为潘老。

潘老做了几十年教育科研工作，是省内外知名的教育专家；潘老搞研究仔细认真；潘老性格温和，可以保证不会与被督导者发生冲撞；潘老一贯做事执着认真，坚持原则；潘老喜欢用数据说话，可以保证督导结果科学严谨……

就是他了！张国华摸起电话。

市教育局领导的一个电话，打破了潘老内心的平静，也从此把他推到了教育改革的风口浪尖上。

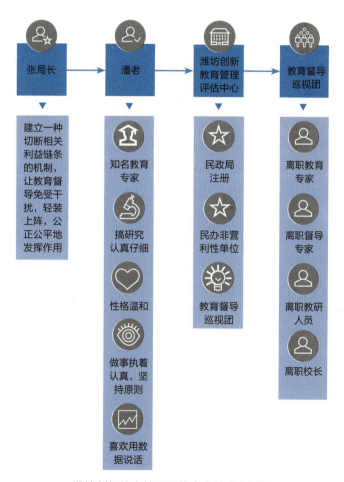

潍坊创新教育管理评估中心的成立过程

2008 年 11 月，一个民政局注册的民办非营利性社会中介机构在潍坊诞生，它的名称是潍坊创新教育管理评估中心（简称评估中心）。

潍坊创新教育管理评估中心下面组建了一个人们从未听说过的特殊组织——教育督导巡视团。

这个组织的成员是由 20 多名已经离职的教育专家、学校校长、督导专家、教研人员以及其他管理人员组成。

潘永庆，就是评估中心的"掌门人"，也是教育督导巡视团的"团长"。

市教育局跟教育督导巡视团签署协议，通过"购买"服务的方式，将学校违规办学行为的调查权、监督权和部分学校评估项目"承包"给评估中心，并根据他们监督查处违规办学行为的数量、解决热点难点问题的效果以及开展学校评估的情况，向其提供经费支持与奖励。

教育督导巡视团的工作重点表现为"四个确保"，具体如下。

一是确保全市各级各类中小学校按照国家、省、市的规定，开全课程，开足课时，无随意增减课程课时的现象。

二是确保全市各级各类中小学校学生每天作息时间、学生自习时间、双休日及节假日的安排符合省、市的规定。

三是确保全市各级各类中小学校的考试管理、学生家庭作业的布置、收费管理、教辅材料的管理、教师行为等，符合省、市的规定。

四是确保学生的体育活动安排、中考改革、复读班管理、高中分科管理、教学评价工作等，符合省、市有关规定。

潍坊市教育局对教育督导巡视团提出五点要求，具体如下。

一是限时查办。需要调查的事项，立即交由教育督导巡视团办理，并在规定的时间内（5 天以内），将调查结果报告市教育局。

二是规范管理。制定了《教育投诉事件查处程序》《潍坊市教育督导巡视团管理办法》等规章制度，确保调查工作快捷有序、调查结果公平公正。

三是现场整改。为避免各种因素干扰调查结果，对查实的问题现场下发整改通知书。

四是及时反馈。问题一经查实，教育督导巡视团向学校下发整改通知书，提出具体整改意见或建议，并请学校签字确认。

教育督导巡视团将有关信息及时上报市教育局督导室，在由市教育局督导室、基教科、安全科、师教科、监察室等科室人员参加的每周会商会议上集体审议，之后再由督导室签发正式整改通知书。

市教育局通过每周一期的《投诉事件查处周报》，及时将教育督导巡视团调查情况向各县市区及学校公布。

五是纳入考核。教育督导巡视团的调查结果将作为对责任区督学和学校考核的重要依据，并纳入对县市区年度教育工作督导评估。

目前，这支队伍由 20 多人组成，大都是已退休或退居二线的督学、校长和市县教科室主任，其中优秀的初高中校长 9 人，任校长时间都在 15 年以上，具有丰富的办学和管理经验，市县督导室主任 7 人，市县教研室主任 4 人，他们都是教育督导、教育教学研究方面的专家。

在这 20 多名成员中，被聘为市县政府督学的 11 人都曾获得过地市级以上表彰奖励。他们平均年龄 56 岁，富有教育情怀，工作干劲不减当年。从总体上讲，这支队伍是督导队伍和校长队伍的结合，在长期的管理、督导和评估工作中，积累了丰富的经验，精通教育规律，熟悉教育工作。

■ 让督导工作更加公平公正

教育督导巡视团接受潍坊市教育局的委托，主要从事群众教育投诉查处、规范学校办学行为等事宜。此外，在教育行政部门（市或县）的邀约下，教育督导巡视团对区域内中小学办学水平与教育质量进行评估。

作为中介机构，教育督导巡视团与被调查的单位和个人之间没有行政隶属关系，避免了感情的因素，比教育行政人员直接参与这些工作更有优势。此外，教育督导巡视团成员对其所在县市区进行回避，从而使督导工作更加公平公正。

第三方参与也有利于缓解调查者和被调查者的对立关系，从而能在和谐的气氛中有效地解决问题、纠正错误。教育督导巡视团以平等的身份参与事件的调查，而且富有处理和解决矛盾的经验，从而有利于调查工作的开展，有利于说服对方改正错误、规范行为。

教育督导巡视团与教育局签订协议，"承包"了潍坊市 2000 多所中小学办学行为以及教育投诉的调查工作，教育局每年出资 60 万元，"购买"他们的调查服务。协议书规定双方的权利、责任和义务，要求教育督导巡视团件件必查、查细查实，做到有诉必应，即每件投诉必须回访投诉人对处理结果是否满意。

每年，市政府教育督导室、市教育局有关科室以及家长和学生代表都会对教育督导巡视团进行满意度测评。如果出现明显不满意，调查质量出现问题，市教育局将根据情况扣除部分费用。这就决定了潍坊市教育局和教育督导巡视团之间具有市场意义上的契约关系。

契约关系改变了原来的行政运作机制。行政部门委托社会中介机构办事的运作模式，实质上是经济社会中承包方和发包方的运作机制，是契约式管理，双方既对立又统一，是在目标引领下的监督与被监督的关系。

双方在契约的制约下各自履行自己的权利、职责和义务。承包方只有圆满地完成发包方的任务，才能获得相应的经济利益，这就使得承包方必须以十倍的努力、百倍的责任心，保质、保量、按时完成发包方所给的工作任务。

■ 一份满意的答卷

多年来，教育督导巡视团成员们巡视、调查了一所又一所学校，忙得不亦乐乎。部分校长一开始不太当真，甜言蜜语地想套近乎，督学们将整改通知书照发不误。仅2009年一年，教育督导巡视团就查办违规办学行为投诉上千件，有效地维护了学生、家长的权益，大大促进了潍坊市规范办学的水平。

现在，这支"特种部队"只要接到群众投诉，就会在第一时间赶到投诉现场，调查了解，摸清实况，给投诉者一个满意的答复。

可以说，教育督导巡视团在多年的工作中，客观而又公正地站在裁判员（教育局）和运动员（学校）之间，成了完全中立的第三方，给市教育局、给社会交上了一份满意的答卷。

2 | 建立科学、规范的运行模式

如何更好地发挥教育督导巡视团的作用？建立科学、规范的运行模式是不可或缺的一个方面。为此，潍坊市教育惠民服务中心及其他教育局相关科室，与教育督导巡视团互为表里，一起作战，形成从接受投诉到督查纠办的完整链条，真正实现了成立教育督导巡视团的初衷。

■ 让投诉渠道畅通无阻

只有获得来自基层的教育信息，才能使教育督导巡视团的工作有的放矢，而教育投诉反映的都是老百姓最需要解决的问题、对教育最不满意的地方，这些信息恰恰是教育督导巡视团最需要了解的，因此，畅通投诉渠道成了督导巡视工作的基本需求。

为此，潍坊市教育局设立了三条投诉通道：一是市长电话"12345"，收到的投诉大约占投诉总量的40%；二是潍坊市教育惠民服务中心教育热线，收到的投诉大约占投诉总量的57%；三是教育系统各级领导、处（科）室，收到的投诉大约占投诉总量的3%。

可见，教育惠民服务中心的教育热线成了投诉的主渠道。为了使教育热线家喻户晓，潍坊市教育局每年拿出40万元广告费，在潍坊市发行量最大的《潍坊晚报》上开辟"教育惠民中心专栏"，并在潍坊电台《行风在线》栏目滚动播出。

畅通的投诉渠道，将学校办学行为置于广大群众的监督之下。

■ 分析投诉内容

那么，老百姓针对教育的投诉主要是什么呢？教育惠民服务中心工作人员经过归类发现，投诉集中在三类问题上。

一是违规办学。比如：作息时间违规，让学生提前起床，提前上自习，晚自习分到学科，自习教师讲课，双休日不按规定时间休息（主要指高中），每天60分钟大课间不规范等；教辅和收费违规，强迫或诱导学生订购不该订购的教辅、学习机，违规收取学杂费、饮水费、自行车费等；考试违规，组织月考，公布考试成绩和名次；教师或校领导职业道德违规，喝酒上课，课堂打手机，侮辱、体罚或变相体罚学生，不按规定开设课程等。

二是学校管理不规范，损害教师、学

生、家长的利益。比如：食堂饭菜质量差、价格贵，住宿条件差，供水、供暖有问题，校车超载，安全保卫不到位等。

三是有偿家教，无证办班。比如：在职教师向学生推荐参加社会辅导班或参与办班，各种无证办学等。

"细节决定成败"，这些问题看似细小，却会极大地降低社会对教育的满意度。畅通的投诉渠道让教育局和教育督导巡视团的工作接上了地气。接下来，教育督导巡视团就进入了对投诉的调查环节。

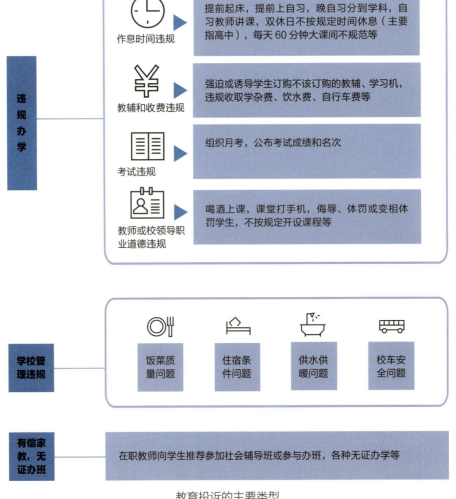

违规办学

- **作息时间违规**：提前起床，提前上自习，晚自习分到学科，自习教师讲课，双休日不按规定时间休息（主要指高中），每天60分钟大课间不规范等
- **教辅和收费违规**：强迫或诱导学生订购不该订购的教辅、学习机，违规收取学杂费、饮水费、自行车费等
- **考试违规**：组织月考，公布考试成绩和名次
- **教师或校领导职业道德违规**：喝酒上课，课堂打手机，侮辱、体罚或变相体罚学生，不按规定开设课程等

学校管理违规

- 饭菜质量问题
- 住宿条件问题
- 供水供暖问题
- 校车安全问题

有偿家教，无证办班：在职教师向学生推荐参加社会辅导班或参与办班，各种无证办学等

教育投诉的主要类型

■ 细致、负责的调查

并不是所有的投诉都是学校的错，有时候也有可能是家长或社会相关人员对教育教学理念不了解，或者对学校办学误解。站在第三方的角度，必须保持中立，不能听风就是雨，也不能对系统内部的部门和人员进行掩饰或包庇，只有调查清楚了才能对症下药。

根据投诉内容，教育督导巡视团把调查任务分到小组，两人一组，每组带轿车一辆，每周派出 3 ~ 5 组不等。几年来，教育

督导巡视团调查投诉的足迹遍及潍坊 17 个县市区（包括开发区）180 多个镇（街道）的 600 多所学校。

调查方式因投诉内容而定。作息时间和有偿家教调查一般采用现场查看法，不得已的情况下采取问卷调查法、个别访谈法。教辅问题、考试问题、体罚问题一般采用问卷调查法、个别访谈法（包括电话咨询家长）或两种方法兼用，即先问卷调查再根据线索个别访谈，教辅问题有时还要到现场查看学生的书包。课程违规，一般采用现场查看法，拿着学校自己公示的课程表到现

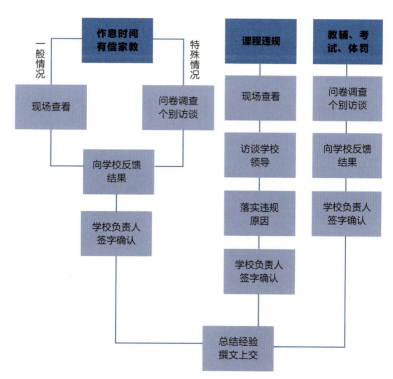

投诉调查的方式方法

场查看是否符合，若不符合再访谈有关学校领导，落实不按规定开设课程的原因。其他投诉事件的调查多数采取问卷调查、个别访谈或电话采访家长等方法。

每到一处，学校必须向教育督导巡视团成员反馈相关问题，学校负责人还需要在"调查纪实"上签字。如果举报的情况属实，教育督导巡视团成员会现场说服学校领导改正违规行为或帮助有关教师、学生解决问题和困难。

最后，教育督导巡视团调查小组会把调查的情况单独撰文上交。

在日常的工作实践中，教育督导巡视团逐步建立和完善了调查和处理投诉事件的流程。

接受并登记投诉→领导批转处理意见→调查取证→写出调查纪实→反馈学校，校方签字（达成共识并帮助整改）→市教育局分管领导组织相关科室集体会商→作出处理决定，如约谈有关县市区领导，下发通报、整改、警告等→反馈投诉者（由教育惠民服务中心负责）→督查违规行为的整改情况→发现总结典型并推广→阶段性总结汇报。

上述程序周而复始，形成完整的闭合系统，保证了群众投诉渠道畅通，实现"有诉必查，有查必应，有错必纠"，为中小学规范办学提供有力保障。

同时，为了规范教育督导巡视团成员工作的方式方法，提高投诉查处的质量和效率，进而全面发挥教育督导巡视团的服务功能，教育督导巡视团还专门制定了操作规程，总共分为10项。

①教育督导巡视团成员要严守纪律、执行制度，按照市评估中心的要求开展工作，积极维护本中心客观、公正、严明的形象。

②接受任务后，要认真研究投诉内容和投诉对象，仔细设计查处的方式方法，小组内两位成员达成共识后实施查处。

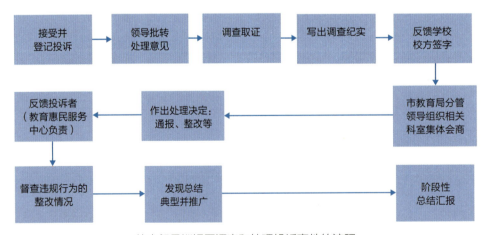

教育督导巡视团调查和处理投诉事件的流程

③查处期间，必须携带督学证或督导工作证，要向被查处单位有关人员出示证件，并进行相关的说明。

④到达学校后，要向保安人员出示证件并说明意图，在其同意后进入学校；如遇无理刁难不放行者，可耐心说服，阻挠时间达10分钟的，要明确向其提出"阻碍执行公务，责任自负"的警示；如还不放行，在查处纪实中记录整个过程后离开，回评估中心后按规定严肃处理。

⑤在不影响查处质量的前提下，要先跟学校沟通后开始工作，尽量不影响师生正常的工作和学习；查处实况，要现场向校长或有关负责同志反馈并沟通，尽量达成一致意见后签字；如果经反复说明后仍拒不签字，不妨碍履行正常工作程序。

⑥认真填写投诉单、纪实表和整改通知书等有关表格材料，要做到全面、工整、翔实，要对投诉内容一一做出明确的对应性答复，不能含糊其词、模棱两可。

⑦要坚持"督"与"导"相结合的原则，在反馈意见的同时帮助学校发现问题，改正错误；特别是要善于发现与投诉事件无关的典型事例，并总结提升经验，指导学校的工作。

⑧查处方法要灵活多样，因地因时因投诉内容制宜，不可因循不变；查处对象要多元，信息收集要全面；判断是否违规要依据事实，准确合理，恰如其分。

⑨要遵从查处规范，注意资讯保密，要特别注意给举报人有关的个人信息保密；

一经泄密，后果自负。

⑩要经常学习有关教育法律、法规和政策，以及先进理论和理念，不断提升自己的政策理论水平、查处技能和经验能力；结合查处，每个成员每学期至少要写出两个典型案例分析。

■ 发挥督导结果的服务功能

为了让投诉处理公开透明，潍坊市专门建立了网上查处平台系统，登记投诉事项、领导批示、查处结果和事后统计分析都在网上进行。这一平台可以统计分析出许多有价值的信息，比如某一阶段投诉的焦点热点问题类型，某一阶段县市区投诉量的增减情况，某个学校在某一阶段的投诉量等。

当然，教育督导巡视团的工作目的不仅仅是查处，更不是挑刺，而是为了更好地发挥教育服务功能。这里的服务功能，不仅仅指解决教育一线最需要解决的问题，更在于为教育局领导的决策提供第一手的资料、数据，让宏观的教育行政工作接上地气，更好地服务潍坊的学生和百姓。

2010年9月，教育督导巡视团上交了《关于开学以来教育投诉热点的情况分析》，主要分析由于开学前准备不到位引发的学生及家长集中投诉食宿问题和课本不到位问题的现状及原因。2010年10月，教育督导巡视团又写了《关于2010年以来教育投诉总量居高不下的情况分析》。其他还有《关于初三分流问题的分析》《关于校内小卖部问题的分析》《关于学校两张课表问题的分析》等调研报告。

教育督导巡视团的调研结果，还为市教育局推广先进典型提供了素材。2009年，市教育局推广了潍坊市"普通高中十项创新成果"、"坊子区北海双语学校建立督导评价部实现零投诉"的经验和"奎文区新华中学实行作业总量控制和作业改革"的经验，与潍坊市教科院和山东省教科所（现为山东省教科院）联合召开会议推出了"高密市康城小学王香兰生活化作文"的经验等。这些经验的发掘和推广，很大程度上都得益于"教育督导巡视团"。

■ 严格的工作制度是保障

自成立以来，教育督导巡视团的工作受到了大家的交口称赞，这和教育督导巡视团成员高超的业务水平、严格的工作作风是分不开的。为了让督导工作更有公信力，教育督导巡视团确立了十大工作原则或制度，具体内容如下。

①坚持客观、公正、公平和求真务实的原则。依法办事、不徇私情，查实情、办实事、讲真话。

②坚持"三自"、"四禁"原则。"三自"——车辆自备，食宿自理，调查对象自选；"四禁"——严禁接受宴请，严禁基层陪餐，严禁饮酒，严禁收受礼品。

③坚持"精、细、活"原则。严格按照要求和程序办事，做到严肃认真、精当周到、方法灵活、措施得力、结果翔实。

④坚持以人为本原则。充分尊重被调查（评估）对象的人格，在不影响调查（评估）质量的前提下，努力做到先与学校沟通再进行调查（评估），尽量不影响师生正常的工作和学习。

⑤坚持即时反馈制度。调查（评估）实况要现场向学校校长或有关负责同志反馈，并进行协商和沟通，尽量达成一致意见。

⑥坚持"督"与"导"相结合的原则。在向学校反馈意见的同时注意帮助学校发现问题，改正错误；特别是要善于发现与投诉无关的典型事例，并总结提升经验，指导学校的工作。

⑦坚持定期学习总结制度。每半月给局长报送一次"呈阅件"，每月进行一次书面总结，每季度召开一次全体会议，总结这一阶段工作的经验教训，学习有关教育理论和法规法律政策。

⑧实行投诉复查制度。凡下发整改通知书之后又重复投诉者，或调查不翔实者，或不能证明事实存在（或不存在）者，都要另派人员进行彻底复查。

⑨实行资格准入制度。凡退职退休的名校长、县市区督导室主任、教研室主任，其他已退休有经验的老领导、老同志，身体健康，经验丰富，富有教育情怀，自愿申请，根据工作需要，经研究批准后可作为本中心成员。

每天早上8：30前，他们会将《每日动态》（每天投诉情况）送达市教育局局长办公室

每半个月，他们统计、总结、分析后写出"呈阅件"，传给市县（市区）教育局局长，让每个教育局及时了解辖区内教育投诉和整改情况

每月，他们会撰写《每月总结分析报告》，供市教育局领导参阅

不定期，他们会写出《教育焦点透析》，为教育局提供决策参考

教育督导巡视团的工作严格、有序

⑩实行诚勉退出制度。凡违反本制度第一条、第二条者，情节较轻的实行诚勉，诚勉不改或情节严重的实施劝退。

壁立千仞，无欲则刚！正是这十大原则或制度，让教育督导巡视团成为受人尊敬的第三方。

3 | 为区域性探索"管办评分离"服务

2009 年冬天，潍坊市坊子区教育局局长刘伟来到创新教育管理评估中心找到潘老，希望"购买"他们的服务，让他们对坊子区小学和初中的办学水平进行督导评估。潘老欣然接受。他认为，这是对他和评估中心的信任，也是对评估中心关于学校评估业务的真正考验和历练。

此后，评估中心依据《坊子区学校办学水平与教育质量评估方案》，坚持"以人为本、客观公正、重在促进、自主发展"的原则，连续四年对坊子区小学和初中进行了全面评估。

■ 过程和方法

评估中心建立健全了评价主体多元、评价内容多维、评价方式多样的义务教育学校办学水平评估方案及操作细则。

2009 年评估中心在调查研究的基础上，博采众家之长，经过与坊子区教育局协商，制定了六大项 22 个指标的评估方案及操作细则，着重从规范办学、队伍建设、课程设置、课程实施、教育质量、办学特色六个大的方面进行评估。

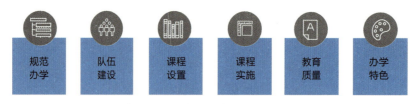

2009 年坊子区小学和初中办学水平评估方案

2010年，评估中心对此方案进行修改提升，改变为七大项27个指标的评估方案及操作细则，着重从规范办学、管理水平、队伍建设、课程设置、课程实施、教科研及教育创新、教育质量七个大的方面进行评估。

修改后的评估方案及操作细则体现了四个"注重"：一是注重学校自评，提前公布评估方案让学校有充足的自评时间，并在这一过程中加强对学校自评的指导；二是通过问卷和电话采访，注重让学生、教师、家长、社会人士参与到评估过程中来；三是注重过程性、重点性和方向性指标的提升，比如方案和操作细则强调过程性和原始性材料，强调坊子区教育局的工作重点和现代学校制度建设；四是强调学校的差异性，注重分类评价、分类要求，目的是促进不同类型的学校从自身实际出发的自主发展和个性特色发展，对坊子区46所中小学分为四类分别评价——初中6所、区直小学5所、联盟小学6所、一般小学29所。

2010年坊子区小学和初中办学水平评估方案

评估方案及操作细则体现了四个"注重"

不同的评估内容使用不同的评估方式，比如：学业成绩和学生体质、体能（武术技能）、艺术素养（音乐、美术）、科技与信息技术素养等采用现场抽样检测的方式；课程开设与课程实施则综合运用现场听课、查阅资料、个别访谈、召开座谈会、问卷调查等方式；学生综合素质、教师队伍发展成果、教育创新、办学成效主要依靠学校、教师及学生的标志性成果；管理水平、校长素质、班子水平则要求在同校长、领导班子其他成员分别谈话的基础上，再通过问卷、查阅资料、个别访谈等多方搜集信息进行验证；家长及社会知名人士对学校的满意度则用抽样电话采访的方式进行。

整个过程分为五个阶段：第一阶段学校自评和指导自评；第二阶段对46所学校同时进行学业成绩抽测和师生问卷调查；第三阶段复评验证；第四阶段复审评估结果，为每所学校写评估报告，公示、反馈评估结果；第五阶段总结经验教训，评估成员座谈，达成共识。

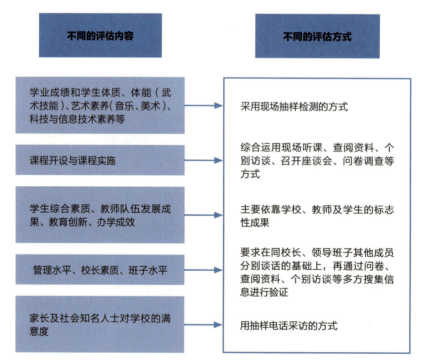

不同的评估内容采用不同的评估方式

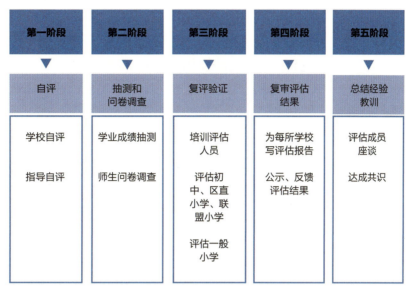

第一阶段	第二阶段	第三阶段	第四阶段	第五阶段
自评	抽测和问卷调查	复评验证	复审评估结果	总结经验教训
学校自评　　指导自评	学业成绩抽测　　师生问卷调查	培训评估人员　　评估初中、区直小学、联盟小学　　评估一般小学	为每所学校写评估报告　　公示、反馈评估结果	评估成员座谈　　达成共识

坊子区小学和初中办学水平督导评估过程

第三阶段的复评验证又分为三个步骤：第一步培训评估人员，统一思想认识，明确评估标准和操作程序及细则，进行分组和分工后再进一步研究本组具体的评估程序和方式；第二步利用 7 ~ 9 天，分成 3 个小组（每组 6 人）分别完成评估初中、区直小学和联盟小学的任务；第三步利用 5 ~ 6 天时间，分成 6 个小组（每组 3 人）评估一般小学，每个小组评估 4 ~ 5 所学校，完成其余 29 所小学的评估任务。

■ **发挥督导评估的教育效益**

每一年，评估中心在经过精心、细致的评估后，都会给坊子区开出一份定性和定量相结合的评估报告。

坊子区教育局局长刘伟由衷地说，是评估促进了坊子区所有中小学的规范办学、自主发展和均衡发展。区教育局把评估过程作为促进学校发展的主要手段之一，把评估结果作为衡量和奖惩学校的主要依据。而教育督导巡视团的工作也获得了学校、师生、家长及社会的好评。

其实，评估中心的贡献远不止于此。从 2012 年开始，潍坊市高新技术开发区又找上门来，签约"购买"了评估中心对该区 12 所小学、初中办学水平的评估服务。而评估中心的普通高中星级评估也搞得有声有色。

可以说，评估中心为"管办评分离"的教育体制变革做了很好的铺垫。

评估中心给坊子区的评估报告

1. 总体情况

2011 年与 2010 年相比，坊子区所有中小学的管理水平和教育质量都有明显提升。校长和教师队伍呈现出人人争先、蓬勃向上的精神面貌，办学理念和教育思想得以更新，"以人为本谋发展"、"科学管理、民主管理"、"学校文化建设"和"教育要适合每个孩子的发展"已成为支撑坊子区教育的巨大精神支柱；学校的管理水平也登上了一个新的台阶……同时，由于主客观条件的限制，所显现出的共性不足也比较突出：一是农村小学，特别是一般小学的办学条件严重不足，建议尽快实施校园标准化建设工程；二是小学师资队伍状况不佳，数量不足且年龄老化，不仅农村小学如此，区直小学也存在同样问题；三是忽视非应试学科教学的现象亟待克服，初中忽视音乐、体育、美术教学和综合实践活动课程，小学忽视科学、品德、音乐、体育、美术教学的情况较为普遍；四是档案管理普遍落后，杂乱无章的现象也很普遍，这与其他区县相比有明显不同。

2. 初中办学水平不同程度有所提高

除北海双语学校的初中部仍高居第一没有什么变化外，其他 5 所学校的管理水平和教育质量也都有不同程度的提高。如尚文中学，开展评估之后，校长以评估指标为导向，转变办学思想、管理理念，加强学校文化建设，以科研为先导，注重课程建设，改革课堂教学，该校教育教学质量大幅度攀升。

3. 区直小学有明显进步，联盟小学获得较大幅度提升

2010 年，6 所联盟小学除南流小学与市直学校的中游学校大体相当外，其他 5 所都低于区直小学的最低成绩。2011 年，南流小学的评估成绩已与北海双语学校平起平坐，还有两所（前宁小学和凤凰小学）的评估成绩均超过区直小学的第二、三名，其余小学已接近区直其他学校。

……

在 2013 年的评估中，评估中心还特意将坊子区小学的督导成绩做了纵横向对比：一般小学的前十名学校成绩分别已超过或接近区直小学和联盟小学排名最后的学校；一般小学成绩平均分与区直小学、联盟小学平均分之差，分别由 2011 年的 25 分、2012 年的 18 分，缩小到 2013 年的 5 分。

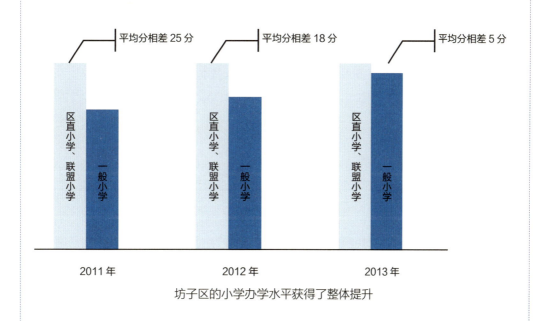

坊子区的小学办学水平获得了整体提升

4 | 开启潍坊教育新时代

教育督导巡视团成立以来，对群众的教育投诉基本做到"有诉必查、有查必应、有错必纠"。这样认真、细致的工作作风，改善了潍坊市的办学氛围，规范了学校的办学行为，甚至极大改变了校长、教师和学生在学校的生存状态。

教育督导，开启了潍坊教育的新时代！

■ 形成规范办学新常态

至 2013 年 6 月底，教育督导巡视团总计调查办学行为投诉 5200 余件。依据教育督导巡视团的调查结果，潍坊市教育局下发整改通知书 512 份，利用媒体曝光违规严重的学校 7 所，通报学校及个人 48 批次，涉及 101 所学校和 148 名校长、教师，其中有 4 名校长被撤职。同时，依据教育督导巡视团的调查结果，推广规范办学的先进经验 38 条。

通过疏堵结合，潍坊市中小学的办学行为进入基本规范的状态。

从 2010 年开始，虽然群众投诉量减少不多，但投诉性质已发生三个根本变化：一是中小学办学违规投诉大幅度减少，违规投诉占投诉总量的比例由 2009 年的 67% 降为 2013 年的 28%；二是投诉内容由投诉违规为主，转为投诉家校矛盾、师生矛盾和干群矛盾为主，如入学问题、学籍问题、职称评聘问题、初中毕业生分流问题、校园安全保卫问题、食宿条件问题、卫生管理不善问题、财物管理不善问题、幼儿园办学资源和条件问题等，这些问题占投诉总量的比例由 2009 年的 22% 上升到 2010 年的 58%；三

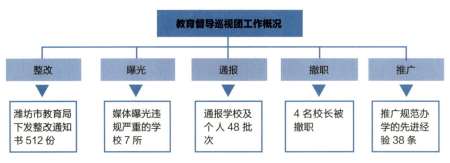

教育督导巡视团工作概况

是违规主体由学校或年级整体行为为主转为以教师个体行为为主，前一类投诉占办学违规投诉总量的比例由 2009 年的 95% 降为 2013 年的 2%，也就是说，2009 年的办学违规多是学校或年级的整体行为，2013 年的违规事件大多不是学校或年级的整体行为，而是教师的个体行为。

此外，教育督导巡视团积极帮助学校或个人解决问题，为构建和谐社会作出贡献。5 年多来，教育督导巡视团对屡次发生违规办学投诉的 80 多所学校进行了整治，使这些学校实现了违规办学的零投诉，同时帮助 1400 多个家庭解决了家校纠纷，实现了家校和谐。

对违规办学的处理

对违规办学的投诉往往集中于少数县市区的少数学校。对于这类学校，教育督导巡视团除了工作时的说服教育和采取措施督促其整改外，还与所在县市区督导室联合，专门派人靠上去做工作，帮助学校查明事情背后的问题，使其从根本上解决问题。

安丘市某中学一位刚上任的校长，对规范办学的认识不到位，为使学校在升学率上实现突破，私自招收复读生，要求学生加班加点，并频繁组织考试，公布成绩排名。学生投诉接二连三，虽经多次查处，下发整改通知书，该校依然故我。教育督导巡视团及时向当地教育局反映了该校的情况，并协同当地教育督导室的同志一起做校长工作，陈明利害，最终使该校办学走上正轨，违规投诉从此根绝。

高密市某中学屡屡在早晨作息时间上违规，引导学生违规早起上自习（早 5：30 起床，5：50 上自习）。该校的此类投诉在两周内接连不断，虽经两次整改惩办，仍未解决问题。最后，潍坊市教育局对该校进行全市通报批评，并与高密市教育局专门做了该校校长工作，帮助校长解决思想认识问题。此后，督导巡视团再没接到一次来自该校的类似投诉。

对家校纠纷的处理

家校纠纷往往由收费（教辅收费或其他收费）、体罚和侮辱学生、经济困难学生补助费不到位、教师不公平地对待学生等事情引发，责任一般在学校或教师，解决的途径要靠学校和教师改正不规范行为。在这种情况下，教育督导巡视团往往要求违规的校长或教师主动向家长或学生道歉，或把矛盾双方约到一起面谈，从而达到融洽家校关系的目的。

原潍坊某职业中专学校存在无理收取实习生住宿费问题（实习生实习期间不在校住宿，但学校仍收学生的住宿费），经调查整改后，该校退还了学生的住宿费，使这个困扰历届学生的问题得到了解决。

某县小学收取外来务工人员子女学费，是多次被投诉而长期得不到解决的老大难问题。这几个学校由村民委员会出面，以学校由本村所建、政府未投一分钱为由，违规收取外来子女的学费。教育督导巡视团同镇政府进行调解未果，又协调县教育局，由县教育局请示县领导，县领导出面调解才使问题得到圆满解决。

某县一名学生家长投诉附近小学，称该学校拒绝接受自己存在智障的孩子上学，向当地街道的教育管理办公室反映情况也无济于事。教育督导巡视团派督学前去调查，果然存在此事。督学以"全纳教育"思想劝说学校接受该儿童上学，校长勉强答应。事后学校并没有行动，于是家长再次投诉，督学再次前往，现场监督学校给孩子办理了入学手续，事情得以解决。

■ 专题调研破解难题

在调查投诉时，教育督导巡视团还进行了大量的专题调研，形成调研报告。这些专题调研，不仅为领导决策提供了第一手材料，更为教育局在中观层面破解教育难题提供了帮助。

最近几年，教育督导巡视团先后进行了多项专题调研，收到了良好的效果。

课程调研

全面落实课程计划是规范办学的重要内容，但非考试课程（如综合实践活动中的研究性学习、社会实践和社区服务、校本课程等）难以真正落实和考试学科（尤其是语文、数学、英语）严重超课时的问题长期得不到解决。

对此，教育督导巡视团结合有关的群众举报，对小学、初中课程进行调研，调研情况以"呈阅件"的形式进行总结分析，对高中课程调研则是集中进行。比如，2010年3月9日至12日，教育督导巡视团分6组对潍坊市21所具有代表性的普通高中进行了一次专题调研。这次调研了解了普通高中课程落实的真实情况，发现了问题，找到了症结和行之有效的经验。最后，教育督导巡视团以调研报告的形式将情况呈报给教育局领导。

现在，潍坊市所有中小学的课程表都放在潍坊市教育信息网，置于公众的监督之下。自2010年4月以来，课程违规举报已很少发生。

初三学生分流问题

家长对孩子初三分流多有误解，导致了许多投诉。为此，教育督导巡视团选取了两个典型县市进行专题调研：一个是问题最多的某县，一个是工作做得最好的高密市。通过调研，教育督导巡视团彻底查明了那个县被投诉过多的原因，也发现了高密市初三分流的先进经验。

在此基础上，教育督导巡视团写出了《关于初中分流工作的分析报告》，阐述了初三部分学生提前分流到中职的意义，从"职业学校的现状和问题、学生家长的观念和意愿、县市区和初中学校对此项工作的态度、认识和做法以及社会用工制度"四个方面详尽分析了影响初三分流的深层次原因。

同时，教育督导巡视团有针对性地提出了"加强中职学校管理，加大校企合作力度；加大政府对中职学校投入，出台新的用工制度；加强县市区及初中学校对分流工作的领导和人本化管理；加大对分流工作的监控力度"四个方面的建议。

这份报告，为后续工作提供了重要的参考依据。

教辅问题调研

教辅问题调研采取两种方式：一是结合平日查处教辅投诉进行调研，二是抓住典型进行集中调研。

调研聚焦五个方面的问题：学生所订教辅的种类，订教辅学生的比例；教辅的来源是严格按照上级规定的途径和范围征订，还是学生个人自行征订；学校的态度、做法；造成举报的原因分析；提出解决问题的建议。

调研结果形成专题分析报告，为后续彻底清理中小学教辅问题提供了可行性意见。

乡镇教管办的职能和经费专题调研

教育督导巡视团对12个县市区202所中小学和所属教管办进行走访、调研。调研显示，教管办在指导学校教育教学、贯彻落实上级指示方面发挥了重要的桥梁和纽带作用，但在规范办学、学校经费管理方面也有负面作用。

基于调研实情，教育督导巡视团提出了后续的工作要点。一是精减人员。经访谈，80%的校长认为每个教管办可减到6～8人（现在都在12～13人）。二是理顺教管办的经费渠道。教管办应在教育局直接设立自己的账户，经费由教育局或当地乡镇政府拨付。三是取消教管办对学校开支经费的签字权，增加教管办对学校使用经费的监督和审计权。

考试问题的调研

教育督导巡视团通过对11个县市区的240名中小学教师的问卷调研，发现部分学校存在着期中、期末考试过难、过偏、过多以及布置作业过多、向学生推荐教辅、学生负担过重等问题。

为此，教育督导巡视团提出了三条建议。一是全面改革考试评价方式，在义务教育阶段全部实行无分数评价，严禁横向的班级排名和公布学生成绩、名次，鼓励和提倡发展性评价。二是把期中和期末考试改革为名副其实的学业水平考试，考试内容和形式要反映课标要求，提倡考试密切联系学生生活实际，体现现代科技和时代精神。三是实行试题评审制度，期中和期末考试在组织命题人员的同时要专设试题审查小组，实行试题的命、审分离，试题经审查后方能用于考试。

对学校的针对性调研

潍坊市教育局建议，为促进本市普通高中自主办学，办出特色，教育督导巡视团在调研基础上需要为市直某名牌高中创新发展提出改革建议。

于是，在帮助该校全面诊断的基础上，教育督导巡视团归纳了普通高中存在的主要问题。一是办学理念的矛盾状态。一方面，学校把升学率这根弦绷得过紧；另一方面，学校又想在新课改方面有所突破。二是文化制度特色建设缺乏总体规划。三是中层领导特别是年级领导的执行力和自主创新能力有待进一步加强。

对此，教育督导巡视团提出四点建议。

首先，改革管理。打破中层干部终身制，实行三年一次的竞聘上岗制；建立管理信息的快速反馈机制，加强和改进督导评价处的组织结构和工作职能；实行大级部领导下的分级部负责制；实行年度多元化教师评选，为每个教师释放潜能搭建平台。

其次，进行德育创新。实行学生自主锻造工程，推行班级自主管理和校园活动的学生竞标制，极大地丰富校园德育活动；实行班主任职级制和导师制，为班主任和其他教师提供研究的平台和创新展示的平台。

再次，进行课程开放和课堂教学创新。选课走班要走在全市的前面，切实配好用好通用技术教室；强力推行高一课堂创新；对国家和地方课程进行校本化改造，大力开发校本选修课程；切实落实综合实践活动课程。

最后，开放办学。盘活社会资源，协助学校课程的开发和落实；建好班级家长委员会；落实"千名名家"进校园活动；定期组织、统计分析和用好家长问卷。

■ 迎来了素质教育的春天

从一件件社会投诉的处理，到一项项教育专题的调研和改进，从微观到宏观，从散点突破到整体考虑，教育督导巡视团的工作渗透到潍坊教育教学的角角落落，为潍坊教育教学注入了不一样的精气神。这些工作，就像对教育土壤的培植，迎来了素质教育的春天！

2010年6月，教育部基础教育课程教材发展中心专家组一行16人到潍坊举办"潍坊市中小学生学业质量检测分析反馈报告会"，就2009年10月大样本抽检潍坊市310所学校24490名学生的学业水平结果向近千名中小学校长和教师进行反馈。报告显示，在"学生学业水平与国家课程标准吻合度、学生睡眠时间、作业适合性、心理负担、学习动机、学习信心和师生关系"等反映学业状况和素质教育水平的关键指标上，潍坊市数据显著高于全国常规水平，绝大多数指标处于全国领先地位，呈现出"轻负担、高质量"的可喜局面。

一方面，潍坊市中小学学生学业成绩合格率较高，教学质量已达到较高水平，城乡教育差距不大，基本做到教育均衡。

a.学生学业成绩合格率

小学语文、数学的合格率分别达95%、96%，初中语文、数学、英语、科学合格率分别达到91%、84%、74%、93%，这说明潍坊市小学、初中教学质量已达到了较高水平。

b.不同类型学校的学习成绩比较

城市小学语文、数学合格率都是98%，县镇小学语文、数学合格率分别是96%、97%，农村小学语文、数学合格率分别是93%、94%。城市高于县镇，县镇高于农村。城市、县镇、农村初中语文、数学、英语、科学合格率差别很小，在数据上没有明显差异。

好、中、差三类小学的语文、数学合格率：好学校最高，中等学校和薄弱学校完全一样。

好、中、差三类初中的语文、数学、英语、科学合格率差异较大，好学校好于中等学校，中等学校好于薄弱学校。其中语文差别最小，而英语差别最大。

c. 学生性别对学生成绩的影响

小学生性别对小学生的合格率基本没有影响。初中生性别对学生成绩影响较大，差异显著，除科学外（男女生基本相同），语文、数学、英语三科男生成绩均明显低于女生成绩。

另一方面，潍坊市在全国各测试单位中，实施素质教育的各项指标均居领先位置，90%以上的指标属全国最好。

a. 小学情况

"睡眠达 9 小时以上"，潍坊市占 95%，高出全国平均水平 25 个百分点，属全国最高（越高越好）。

"作业时间每天 2 小时以上"，潍坊市占 15%，低于全国平均水平 12 个百分点，属全国最低（越低越好）。

"每周补课 6 小时以上"，潍坊市占 7%，低于全国平均水平 2 个百分点，属于各测试点中的低位次（越低越好）。

"综合实践活动零开设"，潍坊市占 17%，低于全国平均水平 15 个百分点，属于各测试点中的低位次（越低越好）。

"学习压力"，潍坊市为 2.57 分，低于全国平均水平 9.2%，全国最低（越低越好）。

"使教师有机会畅所欲言表达自己的意见和建议"，潍坊市教师曲线与校长曲线非常一致（这是国际上追求的目标）。

"公平地对待每一位教师"，潍坊市教师曲线与校长曲线非常一致（达到国际水平）。

"学校奖励机制主要基于学生的成绩"，潍坊市教师曲线与校长曲线有小的剪刀差（剪刀差越小越好）。

b. 初中情况

"睡眠 8 小时以上"，潍坊市占 59%，高于全国平均水平 36 个百分点，属全国最高（越高越好）。

"每天作业 2 小时以上"，潍坊市占 31%，低于全国平均水平 17 个百分点，属各测试点低位次（越低越好）。

"每周补课 6 小时以上"，潍坊市占 6%，低于全国平均水平 18 个百分点，属全国最低（越低越好）。

"学习压力"，潍坊市为 2.8 分，低于全国平均水平 8.9%，全国最低（越低越好）。

"学习环境"，潍坊市为 4.5 分，高于全国平均水平 14.5%，全国最高（越高越好）。

"外部动机"，潍坊市为 2.98 分，低于全国平均水平 7.5%，全国最低（越低越好）。

"自信心"，潍坊市为 4.13 分，高于全国平均水平 14.7%，全国最高（越高越好）。

数据的背后，是潍坊教育整体生态的改变，是潍坊教育整体水平的提升。而这，应该说离不开教育督导巡视团对学校办学行为的得力监督。

星级学校评估：突破高中督导禁区

潍坊中学的学子在多元活动中诠释"全面发展"

昌乐二中，在教育生活中演绎师生成长的精彩故事

涵养、包容、大度、博学、高雅的潍坊一中学子

诸城一中校友王小云教授回母校为在校学生作报告

诸城一中校友齐聚一堂

　　在此之前，很多地方，包括潍坊在内，教育督导的触角似乎一直徘徊在普通高中之外。随着国家教育改革步伐的加快和素质教育的实施，人们对高中阶段学校教育的认可度也在发生着变化。

　　潍坊共有 46 所高中学校（含民办），分布于全市 12 个县市区。多年以来，在高考升学压力之下，违规办学等状况时有发生。学校苦不堪言，教师专业成长和学生自主学习更是无从谈起。

　　面对这种窘况，潍坊的教育决策者们开始思考：既然督导能够给小学、初中教育带来如此巨大的变化，那么能否在普通高中学校有所作为呢？如果能有所突破，又该如何突破呢？

　　很快，潍坊找到了突破点——"星级学校评估"，对全市普通高中学校开展以"规范办学、课程设置、课程实施、教育质量和办学特色"为主要内容的督导评估，实行"自主申报、网上自评、分项评估、中介参与、动态授星"的星级学校评估模式。

　　这种模式，既突破了高中督导禁区，又创新了普通高中学校督导评估机制。

1 | 啃下高中这块硬骨头

普通高中下承义务教育，上接高等教育。多年以来，高考升学率一直是不少地方党委、政府、教育部门和社会各界评价高中学校办学水平以及奖惩学校和教师的唯一依据。由于来自社会方方面面强大的高考升学压力，普通高中一直被视为推进素质教育的难点。

在高考的指挥棒下，全国各地的高中学校无一不绞尽脑汁，狠抓"应试"教学质量，部分学校甚至发展到只要与高考无关的活动全都取消。高中学校学生的主动发展和教师的专业成长得不到保障，学校的内涵发展更是无从谈起。以前，潍坊市高中学校也不同程度存在这样的问题。

2001年以来，潍坊市逐步完成了义务教育"以县为主"的管理体制，开展了对中小学办学水平和办学效益的督导评估，为区域内全面实施素质教育打下了基础，其评估效益、经验在全国产生了良好的影响。这为组织实施高中学校全面、科学的评估，积累了丰富的经验，创造了良好的社会氛围。

可是，这块硬骨头能不能啃呢？

2008年春天，潍坊市教育局相关科室、相关领导、部分老督学坐在一起，对到底评还是不评的问题展开了讨论。讨论一开始就自然分成了两派。

改革派观点旗帜鲜明：要评。理由：唯有评，才能帮助学校分析现状，了解发展的关键问题和不足，寻求学校内涵发展的正确方向。

保守派观点也旗帜鲜明：不能评。理由：督导评估具有强烈的导向性，一旦评估组织实施出现纰漏，会影响正常的教育教学活动，假如教学质量大面积下滑怎么办？

张国华局长最后拍了板：牵牛就要牵牛鼻子，高中下面链接义务教育，上面决定人才出口，是基础教育改革的总枢纽。将普通高中学校导向素质教育轨道，这是早晚的事。对全市的普通高中实施全面评估，不但要评，而且要以评估的结果作为评价高中学校的唯一依据。

随后，潍坊市教育局出台专门文件，对高中学校评估工作的重要性和必要性做了详细阐述。

文件指出："普通高中星级学校创建工作，是推动我市改革基础教育人才培养模式，全面推进素质教育，促进普通高中学校多样化特色发展的重要措施。各县市区和

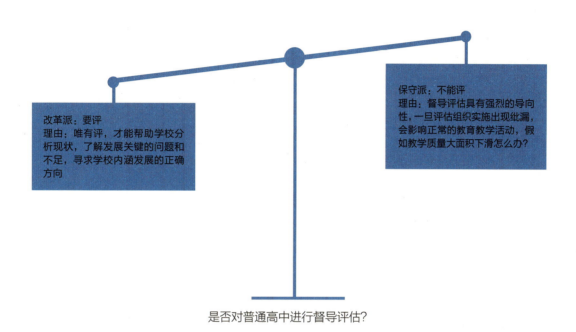

改革派：要评
理由：唯有评，才能帮助学校分析现状，了解发展关键的问题和不足，寻求学校内涵发展的正确方向

保守派：不能评
理由：督导评估具有强烈的导向性，一旦评估组织实施出现纰漏，会影响正常的教育教学活动，假如教学质量大面积下滑怎么办？

是否对普通高中进行督导评估？

各普通高中学校要高度重视，把星级学校创建作为努力提高教育管理水平，满足不同潜质学生发展需要的强大动力。要根据《方案》(《潍坊市普通高中五项重点工作督导评估方案（试行）》)的评估要求，建立发展性评价机制，将评估要求落实到学校常规工作中去，加快推进学校特色发展和多样化发展，赢得全市普通高中学校发展转型的战略主动权。要将各县市区普通高中星级学校创建情况纳入市对县市区教育工作综合督导评估成绩。"

自此开始，潍坊市普通高中星级学校创建评估正式拉开了改革的大幕。

潍坊市教育局办公室文件

潍教办字[2008]68号

**关于对全市普通高中学校五项重点工作
进行督导评估的通知**

各县市区教育局，市属各开发区文教局（教管中心），各直属普通高中学校：

为促进我市普通高中学校进一步规范办学行为，深入实施素质教育，不断提高办学水平，保障学生全面健康发展，按照国家、

对普通高中学校进行督导评估

而此后不久出台的《国家中长期教育改革和发展规划纲要（2010—2020年）》对高中阶段教育明确提出"推动普通高中多样化发展"的要求，指出"促进办学体制多样化，扩大优质资源"，"推进培养模式多样化，满足不同潜质学生的发展需要"，"鼓励普通高中办出特色"……潍坊市的评估设计与这些要求基本吻合。事实证明，潍坊的选择是正确的。

国家层面对高中阶段教育的要求

《国家中长期教育改革和发展规划纲要（2010—2020年）》提出：

推动普通高中多样化发展。促进办学体制多样化，扩大优质资源。推进培养模式多样化，满足不同潜质学生的发展需要。探索发现和培养创新人才的途径。鼓励普通高中办出特色。

2 | 构建"星级学校评估"体系

此前的讨论，统一了认识，解决了"为什么评"的问题，接下来就是"怎么评"。为落实新课程改革精神，促进普通高中的多样化特色发展，潍坊市构建了"星级学校评估"体系。

■ 五项指标

多年来的教育实践告诉我们，学校的发展需要靠科学评价机制的引领。要推动普通高中发展转轨变向，必须改变传统的评价模式，着眼于多样化特色发展，实现对普通高中学校评价的根本性变革。为此，潍坊市研究梳理出新形势下影响学生健康成长和教育教学质量提高的五个主要方面，并将其作为评价普通高中的五项指标。这五项指标既不单纯看升学率，也不搞全面的办学水平综合督导评估。

五项指标的基本内容如下。

一是"规范办学"指标。主要评估保障学生健康成长的有关基本规范要求的落实，包括在校时间、招生编班、课业负担等。

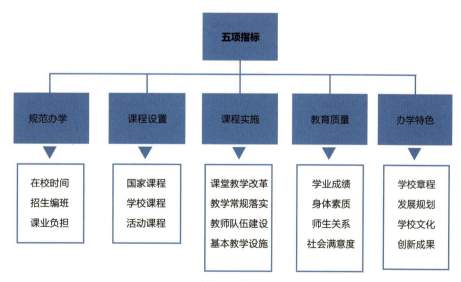

星级学校评估的五项指标

二是"课程设置"指标。主要评估国家课程计划的落实，包括国家课程的开设、学校课程的开发、活动课程的设置等。

三是"课程实施"指标。主要评估课堂教学及落实课程需具备的基本条件，包括课堂教学改革、教学常规落实、教师队伍建设、基本教学设施等。

四是"教育质量"指标。主要评估学生的学业成绩、身体素质、师生关系、社会对学校办学的满意度等。

五是"办学特色"指标。主要评估学校的个性发展，包括学校章程和发展规划的制定与实施、学校文化建设、创新成果等。

这五个方面的标准要求，比较全面地涵盖了素质教育对学校办学的要求，以此引领全市普通高中学校在现有基础上，逐步从对升学率单一维度的追求转到多个维度的追求上来，从而逐步走上自主发展、特色办学之路。

2009年，教育部督导办教育质量督导处崔立双处长，看到潍坊市星级学校评估方案后感叹地说："这是我迄今为止见过的最好的高中督导评估方案。"

■ 分项评估

潍坊市改变过去把各项指标得分相加之和作为学校评估结果的做法，对五项重点工作采取分项评估、多元评价、单独计分。

评估采用百分制和星级制相结合的办法。规范办学、课程设置、课程实施、教育质量、办学特色五项指标都采用百分制。规范办学指标达到95分以上，其他四项指标每项达到90分及以上分别授予一颗星，以此激励各学校在五个方面都积极创星。

以往，单纯看升学率，使得一些学校应试教育大行其道，加班加点、课程开设不全等现象被高升学率掩盖；评估学校看各项总分，也使得一些硬件突出的学校高枕无忧，基础设施相对薄弱的农村高中始终没有机会崭露头角。这样分项评估、单独计分有利于最大限度地调动处于不同起点、不同层次的学校，使其根据自身实际，发挥自身优势，争取在优势项目创星，从而有利于激励学校特色办学的积极性。

在2008—2009学年度第一轮星级学校评估中，潍坊市50所普通高中就有42所学校获得了"教育质量星"，其中有12所属于农村高中，这极大地激发了农村高中的办学积极性；而过去人们心目中的一流学校——潍坊中学、青州一中、寿光一中、临朐一中、寿光现代学校、昌乐二中等9所学校，因为规范办学方面还存在不足，痛失"规范办学星"，这一结果给这些学校带来强烈震撼，也在社会上产生了不小的反响。

■ 动态管理

普通高中星级学校创建评估周期为三年，学校在每个周期内对每颗星最多允许报两次，其中"规范办学星"、"教育质量星"实行动态管理，年年宏观监控，学校办学在这两个方面不达标，每年都要实行摘星降级。

对"规范办学星"和"教育质量星"的年年监控，显示的是潍坊市对学校办学底线的坚守。规范办学才能保证教育质量，同时，教育质量的获得不能靠不规范办学，不能靠牺牲学生的全面发展、身体健康来获得。督导让各个高中学校始终在脑海中绷紧一根弦：办学绝不能"唯分数论"。

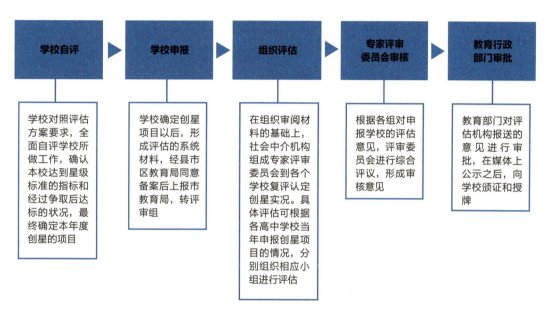

普通高中星级学校创建评估的一般流程

■ 信度和效度

信度是指评估的可靠性，它指的是采取同样的方法对同一对象重复进行测量时，其所得结果相一致的程度。效度是指评估的有效性，它是指测量工具或手段能够准确测出所需测量的事物的程度。评估结果只有满足了信度和效度的要求，才能作为进一步决策的依据，而要保证评估结果的信度和效度，就必须对评估过程进行控制。

过去的学校评估主体是政府和教育行政部门，学校管理者和学校评估者是同一个主体。由于受人情干扰、时间受限等诸多主客观因素的制约，评估的信度和效度大打折扣。因此，潍坊市及时引入社会中介参与督导评估，并采取随访督导和集中评估相结合等多项措施，确保了高中学校督导评估的信度和效度。

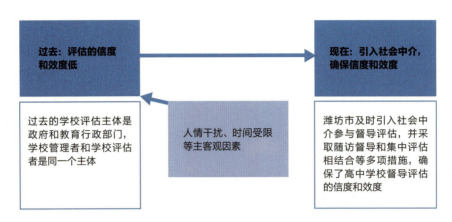

过去：评估的信度和效度低		现在：引入社会中介，确保信度和效度
过去的学校评估主体是政府和教育行政部门，学校管理者和学校评估者是同一个主体	人情干扰、时间受限等主客观因素	潍坊市及时引入社会中介参与督导评估，并采取随访督导和集中评估相结合等多项措施，确保了高中学校督导评估的信度和效度

潍坊市转变学校评估主体

一是"购买"社会中介服务，将其作为评估主体对高中学校进行督导评估。

根据《中共中央国务院关于深化教育改革全面推进素质教育的决定》中提出的"在高中及其以上教育的办学水平评估、人力资源预测和毕业生就业指导等方面，进一步发挥非政府的行业协会组织和社会中介机构的作用"的有关要求，潍坊市教育局"购买"社会中介机构——潍坊创新教育管理评估中心的服务，将普通高中学校督导评估工作交给该组织办理，并通过潍坊市人民政府教育督导室加强对该组织的指导、帮助、扶持和监督。

评估中心不负众望，认真执行潍坊市教育局关于对全市普通高中星级学校创建评估的有关要求，充分发挥非政府组织的优势，广泛召集各方力量参与评估，顺利完成了对全市53所普通高中学校的首轮督导评估任务。据抽样调查，高中学校对社会中介参与本次督导评估的满意率达到了84.6%。

二是实行随访督导与集中评估相结合，进一步发挥评估的促进作用。

对需要强化过程管理的有关规范办学的指标，如作息时间、课业负担、课程开设、招生编班等，采取不定期随访督导的方法。评估人员不打招呼，随时进入学校，通过查看现场、个别访谈、查阅资料等方式进行督导评估。

这样做既可以避免学校为迎接评估做各种材料准备和现场准备，减轻学校负担，又能使评估人员看到学校的真实面貌，发现真实的问题。对于需要进行深入细致查看研究的指标，如课堂教学、课程开发、教学常规、文化特色等，则采取集中评估的方法。评估中心组成专家团队，集中一段时间，深入每一所学校，走进每一个课堂，采取多种手段，最大限度地收集评估信息，客观公正地对学校进行评价。

据统计，在首轮评估过程中，专家团队总计听课 402 节，进行课堂满意度调查 402 次，向师生发放问卷 3000 多人次，召开座谈会 54 场，个别访谈师生 660 多人次，电话采访家长 3000 多人次。

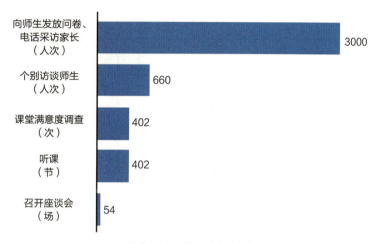

专家团队评估工作的统计

三是科学划定学校类别，客观评价办学质量。

为客观评价普通高中学校的办学水平，平衡学校因为生源差异而造成的质量差异，潍坊市根据各普通高中学校生源状况，将 50 所普通高中学校划分为一、二、三类，根据学校类别，分别给每类学校赋予一定的系数。这种做法让生源差的学校有了奔头，让生源好的学校也感受到了压力。

■ 网上自评

潍坊市组织专业人员研制开发了"潍坊市普通高中五项重点工作督导评估自评系统"，依靠现代化手段开展高中学校督导评估工作。通过该系统，市教育局可以随时查阅各高中学校的自评情况，学校内部也可以随时查阅相关工作进展情况，学校之间也可以实现工作经验的交流和分享。这套系统的有效运行，节省了时间和空间，降低了督导评估成本，提高了督导评估的信息化水平。

高中学校可以随时通过该系统对每项工作的开展情况进行自评，并对相关数据予以更新。如果自评认为某项工作已经达到督导评估的授星标准，学校就可以提交市教育局申请复评。市教育局则根据某段时间相关学校的申报情况，及时安排复评。通过复评认为达到授星标准的工作项目，市教育局予以发文公布，并通过媒体向社会发布。

网上自评给高中和督导组都带来了便利

潍坊市普通高中学校五项重点工作督导评估情况汇总表

序号	学校	A1 规范学校 2009 得星	A1 2011申报 得分	A1 2011申报 得星	A1 2011复评 得分	A1 2011复评 得星	A2 课程设置 2009 得星	A2 2011申报 得分	A2 2011申报 得星	A2 2011复评 得分	A2 2011复评 得星	A3 课程实施 2009 得星	A3 2011申报 得分	A3 2011申报 得星	A3 2011复评 得分	A3 2011复评 得星	A4 教育质量 2009 得星	A4 2011申报 得分	A4 2011申报 得星	A4 2011复评 得分	A4 2011复评 得星	A5 办学特色 2009 得星	A5 2011申报 得分	A5 2011申报 得星	A5 2011复评 得分	A5 2011复评 得星
1	潍坊一中	★	100	★	95	★		100	★	94	★	★	100	★			★	70	★				100	★	98.5	★
2	潍坊中学		100	★	92			100	★	91.8	★	★	100	★			★	70	★				100	★	86.2	★
3	潍坊七中		100	★	98			100	★	92.5	★		89	★			★	73	★				67		96.5	★
4	寒亭一中		100	★	66		★	100	★				94	★				70		94.2	★	★	100w		91.2	★
5	潍坊四中		100	★	76			100	★	97.8	★		78	★			★	70	★				100	★	97	★
6	潍坊滨海中学	★	100	★	89	★		100	★	95.6	★		80	★	94.7	★	★	70	★				100	★	97	★
7	峡山中学	★	100	★	83			97		86.4			84	★	72.8			70	★	70			60			
8	峡山第二中学		100	★	100	★		94	★	92.5	★		83	★	83.6		★	70	★				60			
9	青州一中		100	★	86			0					0				★	0					0			
10	青州实验中学	★	100	★	100	★		0					0				★	0				★	0			
11	青州二中	★	100	★	100	★		0					0		93.8	★	★	60					0			
12	青州三中	★	100	★	100	★		0					0				★	0					0			
13	青州五中	★	100	★	93			96	★	86.2			85	★	91.7		★	68	★				0			
14	青州六中	★	100	★				0					0				★	0					0			
15	青州八中	★	100	★	99			23					25				★	0					0			
16	安丘市第一中学		0	★	87			0				★	0				★	10					10			
17	安丘市第二中学		100	★	75			0					0					70	★	72.9			0			
18	安丘市实验中学		20	★	89			0					0				★	0					20			
19	安丘市青云学府		80	★	92			0					0				★	0								
20	寿光市第一中学		95	★	80			94	★	95	★		94	★	97.5	★	★	69	★				98	★	90.5	★
21	寿光市第二中学	★	100	★	92			0					0				★	69.7					0			
22	寿光中学	★	95	★	88			96	★	93			97	★	94.6	★	★	70	★				90	★	71.8	
23	寿光现代中学	★	97	★	67			100	★	97.7	★		98	★			★	70	★				98	★	90.1	★
24	临朐县第一中学		100	★	65			100	★	90	★		0				★	0				★	100	★		
25	临朐县第二中学	★	100	★	97	★		100	★	88.2			0				★	0					0			
26	临朐县第五中学	★	100	★	92			0					0				★	0					0			
27	临朐县第六中学	★	100	★	98	★		0					0				★	0					0			
28	临朐县第七中学	★	99	★	97	★		0					0					73	★	90.6	★		97	★	86	★
29	临朐县实验中学	★	100	★	86			0				★	100	★			★	70	★				0			

星级学校评估的结果一目了然

2009—2011 学年度
潍坊市普通高中星级评估结果公报

　　为更好地发挥普通高中对全市中小学的引领带动作用，促进各普通高中学校实现更高追求，全面打造推进素质教育的新优势，进一步开创大力实施素质教育和大面积提高教育质量的双赢局面，我市自 2008 年起，创新普通高中学校督导评估机制，对各高中学校规范办学、课程设置、课程实施、教育质量、办学特色五个方面的内容单独设置指标进行星级评估，有力地促进了普通高中学校特色发展，收到了明显成效。对高中学校的评估以三年为一个评估周期，在三年内由学校随时自主申报，市教育局组织定期复评。根据各高中学校自评申报情况，市教育局委托潍坊创新教育管理评估中心进行了本周期内两轮复评验收，认定全市 43 处普通高中学校都获得了不同数量的星，其中获得"规范办学星"的有 18 处学校，获得"课程设置星"的有 25 处学校，获得"课程实施星"的有 28 处学校，获得"教育质量星"的有 39 处学校，获得"办学特色星"的有 17 处学校；获得 5 星的学校有 5 处，4 星学校有 13 处，3 星学校有 8 处。现予以公报。

潍坊市教育局
二〇一一年十月十九日

潍坊市普通高中星级评估结果

学　校	A1 规范办学	A2 课程设置	A3 课程实施	A4 教育质量	A5 办学特色
潍坊一中	★	★	★	★	★
潍坊中学		★	★	★	★
潍坊七中	★	★	★	★	★
寒亭一中		★	★	★	★
潍坊四中		★	★	★	★
临朐县第一中学		★		★	★
临朐县第二中学	★				
临朐县第五中学				★	
临朐县第六中学	★				
临朐县第七中学	★			★	★
临朐县实验中学			★	★	
昌乐中学		★	★		
昌乐二中	★	★	★		
昌乐及第中学					
青州一中			★	★	
青州二中	★		★		
青州三中				★	
青州五中			★	★	
青州六中	★			★	
青州八中	★				
青州实验中学	★			★	★
诸城一中		★	★	★	
诸城二中		★	★	★	
诸城四中		★	★		
诸城繁华中学		★		★	
诸城龙城中学		★	★	★	
诸城实验中学		★	★	★	★
寿光市第一中学		★	★	★	★
寿光现代中学		★	★	★	★
寿光市第二中学				★	
寿光中学	★		★	★	
安丘市第一中学			★	★	
安丘市实验中学				★	
安丘市第二中学					
安丘市青云学府				★	
高密一中	★	★	★	★	★
高密二中	★	★	★	★	
高密康城中学			★	★	
高密凤城中学				★	
高密五中	★	★	★	★	
高密实验中学	★		★		
昌邑市第一中学		★		★	
昌邑市文山中学	★	★	★	★	
潍坊滨海中学		★	★	★	★
峡山中学					
峡山第二中学	★	★			

潍坊市教育局公布普通高中星级评估结果

3 | 用好评估结果

将评估情况进行汇总，就会得到评估结果。如果说对高中学校的评估是"上半场"的话，那么对评估结果的使用则是"下半场"。可不能小看这"下半场"的作用，因为，这直接关系到潍坊市教育局对学校的定性评价、社会对学校的认可度等。总之，只有用好评估结果，学校才会进一步地认可评估并按照评估要求规范办学。

■ 挂星

根据各高中学校自评申报情况，潍坊市教育局委托潍坊创新教育管理评估中心共进行了两个周期、三次评估。

2008 年至 2010 年，潍坊市 47 所普通高中学校获得了不同数量的星，其中获得"规范办学星"的有 18 所学校，获得"课程设置星"的有 25 所学校，获得"课程实施星"的有 28 所学校，获得"教育质量星"的有 39 所学校，获得"办学特色星"的有 17 所学校。其中获得 5 颗星的学校有 5 所，4 颗星的学校有 13 所，3 颗星的学校有 8 所。

2011 年至 2013 年，潍坊市 50 所（新建 3 所）普通高中学校获得了不同数量的星，其中获得"规范办学星"的有 42 所学校，获得"课程设置星"的有 28 所学校，获得"课程实施星"的有 28 所学校，获得"教育质量星"的有 17 所学校，获得"办学特色星"的有 8 所学校。其中获得 5 颗星的学校有 13 所，4 颗星的学校有两所，3 颗星的学校有 13 所。

■ 媒体公布

为了引导和改变社会对普通高中学校的评价观念，潍坊市把各高中学校五项重点工作的评估结果和获星情况通过市级主要新闻媒体向社会公布。

2009 年 9 月 12 日和 2011 年 10 月 20 日，潍坊市先后两次将评估结果在《潍坊日报》上进行了公布，这在社会上产生了强烈反响。几乎每一所高中学校都深切感受到自己的优势和不足，明确了努力的方向和目标；社会各界也开始从多个纬度评价高中学校，不再是单纯对某一学校的升学率津津乐道。

潍坊市将公报制度化，此后每轮督导后都会通过媒体向社会发布普通高中学校各项工作获星情况。

■ 政策倾斜

公布评估结果不是为了对比优劣，而是为了进一步促进潍坊市高中学校的整体发展。本着"激励先进但不惩罚落后"的原则，潍坊市不靠行政强制推动，主要以激励政策来拉动，给各普通高中留出转型调整的时间。

潍坊市出台了推进星级学校创建的激励措施：星级学校创建结果与其他考核"硬挂钩"。星级学校创建的结果作为校长职级评定的重要依据——未达到五星级学校的，校长不得参评特级校长；未达到四星级学校的，校长原则上不得参评高级校长。星级学校创建结果还是评选市教育工作最高奖项——潍坊市政府教学成果奖的重要依据，凡未达到四星级及以上的学校，不能参评一等奖及以上的集体奖项。市级及以上其他评优树先项目也根据星级学校创建情况实行政策倾斜。

目前，积极研究制定星级学校创建方案，争创"五星级普通高中"，已经成为潍坊市各普通高中学校和教师求变求发展的内生动力。

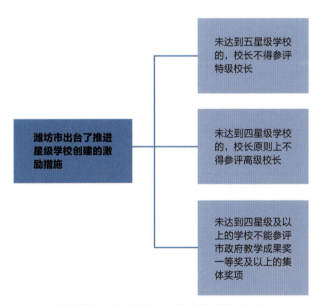

星级学校创建结果与其他考核"硬挂钩"

4 | 星级学校评估的特点和意义

普通高中星级学校创建评估具有以下几个显著的特点。

a. 与时俱进

评估内容不同，由传统思维转为全新理念。星级学校评估本着与时俱进的精神，吸收改革开放以来先进的教育研究成果，突破原有的评价重点与体系，对学校办学过程全面考察。无论是输入性指标、过程性指标，还是输出性指标，都与国际上通行的"CIPP 模式"基本一致。

什么是"CIPP 模式"

"CIPP 模式"是由美国著名教育评价专家斯塔弗尔比姆于 20 世纪六七十年代提出来的。当时联邦政府要求凡接受《美国初等与中等教育法案》资助的项目都必须接受评价，但是当时盛行的目标模式并不适合用于评价。斯塔弗尔比姆提出应建立一种超越目标模式的新的评价模式。这种模式应能提供整体的、全面的信息，以帮助方案目标的确定、研究计划的修订、方案的实施以及方案实施结果的考核。

"CIPP 模式"也被称为"决策导向"或"改良导向"的评价模式，它认为评价就是为管理者作决策提供信息服务的过程。

背景评价（Context Evaluation）、输入评价（Input Evaluation）、过程评价（Process Evaluation）、结果评价（Product Evaluation）构成了"CIPP 评价模式"。

b. 面向全体

参评对象不同，由面向精英转为面向全体。以往的评估面向精英，突出重点，星级学校评估以发展的理念，设计了五个星的评估标准，使每一所学校都能找到自己的坐标与发展的目标，对普通高中学校具有整体拉动作用。鼓励学校面向高一星级晋升，最终在全市取消一星级、二星级学校，形成优质高中高位均衡的教育格局。晋升学校应具备一定年限，一般情况下，学校必须保持在原有星级 3～5 年的基础上方可提出晋升，个别公认特别优秀且经过严格论证的学校，可以申请越级晋升。这种动态机制有利于最大限度地调动学校积极性，促进普通高中学校的发展。

c. 等级鉴定

评估形式不同，由遴选重点转为等级鉴定。普通高中星级学校创建评估是一种基于发展的理念的合格评估，不同于过去的选优评估。合格评估又称鉴定，是评估者对学校的基本办学条件和基本教育质量的一种认可，是一种标准参照性的评估——用与时俱进的五级标准来甄别学校，用不同的星号来标示学校，以促进学校的可持续发展。

d. 刚柔结合

过关标准不同，既有柔性积分，又有刚性要求。星级学校评估不再单纯使用对照指标逐条打分的评估方法，而是具体问题具体分析，部分指标要求学校条条过关，只要有一条标准不合格便不能通过评估，相当于条条都是一票否决，而不能通过的项目又在同一周期内提供多次过关机会，学校可通过努力整改再次进行申报。这种刚柔结合的标准对学校提出了全面建设的要求，提高了以评促建的效能。

e. 动态激励

激励机制不同，由终身享用转为动态竞争。星级学校评估不搞终身制，所有星级称号都具有时效性，五年内都必须复核一次，审核不通过不得保留原有称号。这有利于保证评估激励作用的长效性。

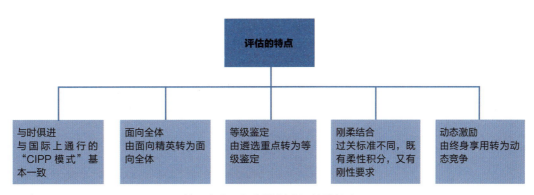

普通高中星级学校创建评估的特点

相对于以往单纯以高考成绩评价学校，普通高中星级学校创建评估有着十分重要的意义。单纯以高考成绩评价学校，常常使高中学校以升学率作为办学的唯一指标，而升学率是可以通过机械训练获得提高的，因此，很多学校就以应试教育代替了素质教育，屡屡出现违规办学的情况也是在情理之中了。而普通高中星级学校创建评估，却逼着学校均衡发展，不会再因为升学率而一俊遮百丑，评估也就引领了多样化特色办学。

通过评估，潍坊市引领各普通高中学校走上了遵循规律、内涵发展、构建体系的办学道路。

a. 遵循规律

普通高中星级学校创建评估有利于引导高中学校遵循教育规律自主办学。高中教育是基础教育的出口，是整个教育体系中培养学生创新能力和全面素质的关键阶段。因此，普通高中星级学校创建评估是继九年义务教育之后教育发展的重大主题，推动了高中教育办学水平的全面提高，同时，催生了一批专家型的校长。

b. 内涵发展

普通高中星级学校创建评估有利于引导高中学校注重内涵发展。普通高中星级学校创建评估旨在建立导向正确、体系科学、程序规范、激励有效的高中教育评估机制，引导学校将内涵发展的着力点放在教学质量与教师素质的提高上，放在精神与文化的塑造上，放在高效管理机制与办学特色的创建上。

通过普通高中星级学校创建评估，每一个学校都能进一步明确办学定位，规划发展目标，从而落实创建措施。这样的评估导向将引领高中学校全面贯彻党的教育方针，大力实施素质教育，全面推进课程改革，努力办出学校特色，从而促进全市高中在改革与发展、传承与创新中不断迈上新的台阶。

c. 构建体系

实施普通高中星级学校创建评估有利于建立一个资源丰富、质量优良、高位均衡的高中教育体系。星级学校评估以评促建，促使潍坊市在前些年教育改革的基础上，加强高中学校的布局、调整，改造、提高薄弱学校，扩大优质高中资源，满足人民群众对优质教育资源的渴求。同时，星级学校评估也引导高中学校规范办学，真正实施素质教育，提高了社会对全市普通高中办学的满意度。

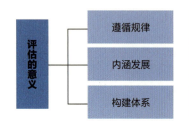

评估的意义	遵循规律	普通高中星级学校创建评估有利于引导高中学校遵循教育规律自主办学
	内涵发展	普通高中星级学校创建评估有利于引导高中学校注重内涵发展
	构建体系	实施普通高中星级学校创建评估有利于建立一个资源丰富、质量优良、高位均衡的高中教育体系

普通高中星级学校创建评估的意义

5 | 高中教育悄然改变

伴随着普通高中星级学校创建评估的进行，潍坊市的高中学校办学行为日趋规范，课程设置符合国家课程方案，课堂生态欣欣向荣，办学特色不断凸显，高中教育质量整体提升，一切都在悄然改变！

■ 办学行为基本得到规范

办学行为评估指标的设立，促使学校进一步把工作的着力点转变到遵循教育规律、全面落实课程方案上来。

目前，潍坊市规范办学实现了根本性的转变，全市普通高中作息时间、招生编班、课业负担、开齐课程、开足课时等办学行为得到有效规范，利用寒暑假和双休日学习、加班加点、早晚不按时作息、在校时间长、课业负担重等主要问题已经得到解决。

就18所第一批获得"规范办学星"的普通高中学校而言，山东省教育厅规范办学的48条要求得到了不折不扣的落实，其他普通高中学校也杜绝了占用寒暑假和双休日学习、乱拉生源、频繁考试排名、加班加点、乱收费、乱办班等影响学生成长和健康的违规行为，即使偶尔发生违规投诉，也是个别教师的个体行为。

从对普通高中违规办学的投诉情况看，年投诉量2010年比2009年下降了

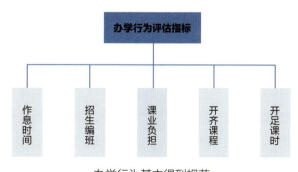

办学行为基本得到规范

的 50%。现在虽然来自基层的教育投诉还有不少，但投诉的内容已发生了本质性变化，规范办学已降到了次要位置，大量的投诉是家长、学生、教师需要帮助解决的个性问题。

规范办学行为也深受师生欢迎。大样本调查显示，认为学习负担基本合理的学生达到 96%，而教师有职业倦怠感的比例则由 40.6% 减少到 22.8%。

■ 课程设置更加科学、合理

在评估工作的引领下，各普通高中学校都能在全面落实国家课程和地方课程的基础上，从学生实际出发对课程进行校本化、生本化改造——根据学生成长和发展需要，形成了满足学生选择、具有学校特色的课程体系和课程结构；建立和完善了学生自主选课制度，为学生的自主选课提供了科学指导。这样的课程设置，在关注知识和技能的同时，更加关注过程、方法和情感态度价值观目标，满足了学生差异化发展的需要。目前，潍坊市所有普通高中学校都在积极开发校本课程、选修课程，这些课程呈现出多样化、系列化和规范化特点。

第一批 25 所获得"课程设置星"的学校在全面落实国家课程方案中，开齐、开足、开好了综合实践活动课程，并能从学生实际出发，广泛、深入地开发课程资源，对课程教材进行加工整合，大力开发和建设校本课程、选修课程，不折不扣做到教学计划、教案、课时、师资、场所设施、管理、评价的落实。平均每个高中学校开设的选修课达 50 多门。

据 2011 年上半年星级学校评估统计，潍坊市普通高中已开发出励志修身类、学科拓展类、感情体验类、课程探究类、实践服务类、民间工艺类等多个类别的 380 门选修课（多校重复的计算为一门），而且从过去的形式落实发展到今天的实质性落实。德育活动和学生社团活动的课程化是潍坊市学校课程建设的新的生长点，通过课程规范德育活动和学生社团，使德育活动更加有效，使学生社团得以持续、广泛、深入地开展。

潍坊市社团从 2009 年的 380 个已发展到 2011 年上半年的 2100 多个，平均不到 90 名学生就拥有一个社团。例如：高密一中"初高中特长生衔接培养"课程体系建设，为各类特长生的健康成长奠定了基础；潍坊一中在多元智能理论指导下开发的艺体模块系列课程，满足了不同学生个性特长发展的需要；潍坊七中立足于促进学生社团活动的全面开展，其开发的学生社团系列课程，为学生的社会化成长创造了条件；寿光一中发扬学校传统优势，瞄准科技发展前沿，其实施的创新性拔尖人才培养课程，培养了一批批具有创新精神和实践能力的优秀学生。

■ 课程实施有效到位

积极推行课堂教学改革，把课堂还给学生，把时间和空间还给学生，把选择权还给学生，已成为潍坊市课堂教学普遍的价值追求。潍坊市普通高中学校课堂教学模式和学生学习方式发生了明显变化。

目前，潍坊市普通高中学校"自主合作优质高效"课堂达标率为70%以上，初步形成了轻负担、高质量的良好局面。各普通高中学校普遍建立起了体现新课程理念的新教学常规，并进行扎实有效的落实。其还建立和落实了基于教育教学问题的校本研修制度和学习型教研文化，教师专业发展得以保证。

获得"课程实施星"的学校成绩尤为显著。概括起来，这些学校的课堂实现了四个改变：变以教师"讲"为主为以学生"学"为主；变以学生"听"为主为以学生"说和做"为主；变学生的个体、封闭学习为学生的互动、交流、开放学习；变教师的讲堂为学生的学堂，教师变演员为课堂主持人。这些学校的课堂做到四个保证：保证了学生人人都找到了属于自己的学习起点；保证了学生人人都基于解决自己的问题而进行学习；保证了学生人人在分享他人问题和成果的同时生发新的智慧；保证了学生人人都能获得充分的感情体验和不断增长的自信，让学习成为学生喜欢的事情。

这样的课堂，改变了学生的生命状态，提升了学生的生命质量。

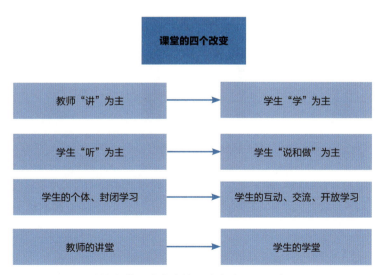

潍坊市普通高中学校课堂发生了明显变化

2011 年，就来自 28 所高中 1400 名不同年级、不同类型的学生样本调查结果而言，学习成绩和能力水平显著提升：课堂当堂认知目标检测达成度为 88%，比 2009 年提高了 18 个百分点；课堂上能够积极有效地交流、表达、争论的学生达 86%；能多次提问、质疑的学生达 79%；课外能积极主动收集整理信息（图书、网络、报刊、访谈、调查等）的学生达 92%；自信心明显增强的学生占 74%；对学科学习有兴趣的学生达 82%。

如昌乐二中遵循学生的认知规律和学习规律，打造以"自主、探究、合作"为特征的"271 高效课堂"，以学生为核心，以学生素质的全面发展和能力的培养为目标，旨在"把每个孩子的一生变成一个成功而精彩的故事"。

诸城实验中学，通过对执行力提升的研究和实施，构建起精细管理模式，推行岗位效益工程、创新时效工程、科研名师成长工程、培植沃土工程，抓常规、抓末端、抓细节，将落实进行到底。

昌邑市文山中学打造教师团队，助推教师专业成长，帮助教师规划人生和职业前景，建立完善的评价机制，为教师的专业发展搭建成长平台。

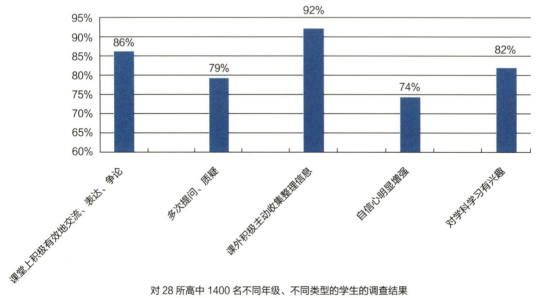

对 28 所高中 1400 名不同年级、不同类型的学生的调查结果

■ 教育质量实现稳步提升

潍坊市从四个方面评估教育质量：一是全省高中学业水平考试成绩及学校自身教育质量检测制度的建立和落实；二是学生综合素质，包括学生成长的标志性成果、学生闲暇生活指标和每天锻炼一小时制度的落实及学生体质健康合格率；三是师生幸福度，学生对师生关系的满意度及对学生和教师定期问卷调查制度的建立和落实；四是学校对家长定期问卷调查制度的建立和落实及社会家长对学校的满意度。在第一周期评估中，有 39 所学校获得"教育质量星"，获星率达 80% 以上。

评估表明，潍坊市普通高中的教育质量实现了连年持续提升。这不仅意味着教育成绩和各项育人制度的落实，更重要的是学生综合素质真正得到了提升，就 39 所学校的统计情况而言：反映学生综合素质的标志性成果从 2009 年的平均每生 6.2 件提高到 2011 年的人均 16 件，学生体质健康合格率从 2009 年的 92% 提高到 2011 年的 98%（抽测结果），家长和社会对学校的满意率从 2009 年的 86% 提升到 2011 年的 92%。2011 年抽查学生平均幸福度已达 8.1（最高为 10），抽查教师幸福度已达 8.6（最高为 10），学生对师生关系的满意度已达 8.9（最高为 10）。

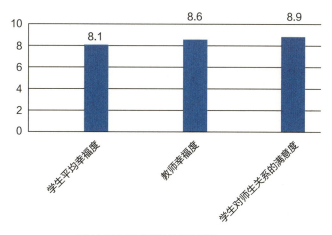

2011 年对 39 所学校的抽查情况

另外，在山东省 25 所获北京大学、清华大学自主招生权的学校行列中，潍坊市有 6 所，占全省学校数量的近四分之一。其他学校虽未达到星级学校的标准，但教育质量也都有不同程度的提升，只是在某一方面或某几方面存有差距，没有达到相应分数。

■ 学校办学特色开始凸显

本项指标在于鼓励学校改变办学同质化、人才培养模式单一化状态，实现人才培养模式的多元化，走特色办学之路。2009年仅有 3 所学校获得此星，2011 年获星学校增加到 17 所，这说明潍坊市普通高中办

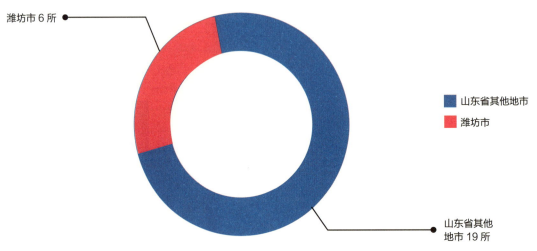

潍坊市 6 所

山东省其他地市

潍坊市

山东省其他
地市 19 所

山东省获北京大学、清华大学自主招生权的学校数量

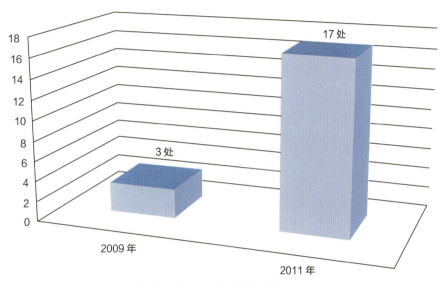

获"办学特色星"的学校数量

学目标正在悄然发生改变，正在从对单一的升学率的追求中走出来。这17所学校培养人才的模式已呈现出多样化的特色，它们或者以培养科技创新人才见长，或者以培养理科或文科人才见长，或者以培养艺体人才见长，或者通过学生自主管理、自我管理培养交际型、善辩型、管理型人才。课程是育人的载体，管理是育人的保障，这些特色都是通过每个学校独具特色的课程和管理呈现出来的。如潍坊一中已开始走国际化办学之路，昌乐二中的课程、课堂改革已彰显出自己特有的魅力，高密一中多元化的选修课程为不同学生搭建不同的发展平台，高密康城中学的科技创新已彰显出自己的文化特色等。

6 | 来自基层的声音

对普通高中星级学校创建效果的评价，最有发言权的是来自一线的校长、教师和直接参与督导的相关工作人员。他们会怎样评价对高中学校的督导呢？这是当时来自基层的声音。

【讨论一】

最近几年来，潍坊各高中学校形成了鲜明的办学特色，取得了令人瞩目的成绩。星级学校创建和特色学校建设给各高中学校带来了哪些变化？

潍坊中学王伟校长

教育的使命就在于促进人的健康成长和全面发展，并使其幸福地生活着。尊重教育规律和学生身心发展的规律，为每一位学生提供适合的教育，才是真正着眼于学生的健康成长和长远发展，才是回归教育的本质。

星级学校创建和特色学校建设是引领普通高中学校找准自己的定位，适应当前教育发展形势，满足个性化教育诉求的有效手段。潍坊中学也正是在这一背景下找准了适合本校特点的特色定位。实践证明，人文教育核心价值观激发了师生身心全面发展的活力，成为学校发展的动力源泉。

昌乐县教育局督导室秦君临主任

星级学校创建的意义在于引领高中学校的发展方向，引导教师遵循国家教育方针，规范从教，积极向学者型、专业型教师发展；同时，体现学生的主体地位，让学生做学习的主人。特别是将"规范办学星"作为"五星"中的首星以及每年都要接受评估的规定，使应试教育盛行、师生负担过重的现象得到有效遏制，课程开设、作息时间、教育收费、假期教育行为等得到了有效规范。今后需进一步强化对过程的调控管理，弱化一次性集中检查评估，探索更加适合的评估方式，确保评估结果的客观性。

潍坊一中教务处殷梅主任

部分教师由过去的被动发展、害怕改革、害怕变化转为主动追求发展、进步。教师授课水平在教学改革中得到极大磨炼，专业素质得到较大提高。学校课堂发生了很大变化，全校开展"导引式自主生态课堂"研究，努力提高课堂教学效率。

昌邑市文山中学李志军校长

潍坊市的星级学校创建对学校各方面的工作起到了诊断、激励、引导的作用，如改善学校办学条件、教师队伍建设、规范办学、课程建设、提高学业成绩等，应该继续完善和推进。

昌乐县教育局基础教育科徐松然科长

星级普通高中学校能结合学生的发展潜能、个性特点、兴趣爱好以及学校的办学条件、现有的办学特色和未来特色学校建设目标等，合理制定特长学生培养方案，为每位学生制定个性化的培养方案。五星级普通高中学校又以面向全市招收特长学生的规定，赋予了普通高中学校和学生更多的选择权，有利于满足学生个性化发展的需求，加大创新型人才培养力度，推动普通高中学校多样化特色办学。

诸城市教育局督导室王世进

普通高中星级学校创建评估工作从根本上改变了以升学率为主要导向的普通高中评价模式，为普通高中教育转型实现跨越式发展提供了良好的空间。其意义在于：一是促进普通高中规范办学；二是促进普通高中落实"育人为本"的制度，引导普通高中把"育人为本"作为办学的根本要求，大力实施素质教育；三是促进普通高中课程改革，引导普通高中全面深化课程改革和课堂教学改革，满足不同潜质学生发展的需要，促进学生的全面发展；四是促进普通高中多样化特色发展。

【讨论二】

潍坊市普通高中星级学校创建工作从2009年开始，已经经历了两个周期、三次评估。星级学校创建工作和学校特色办学工作给普通教师的教育教学工作带来哪些影响？

潍坊中学教师丁洋

我们按照规范办学行为、减轻学生负担的要求，尊重学生的个性差异，为全体学生创造丰富、优质、可选择的课程资源，实现"流水线式的教育"向"个性化教育"的转变。我们积极参与新的课堂文化构建，课堂教学落实学生的主体地位，实现教学方式与学习方式的转变，让学生感觉到学有所成。学校给我们充分的人文关怀，通过一系列活动，为我们的专业发展拓展空间，使我们真正体验到职业幸福感。

潍坊一中教师魏文辉

星级学校创建工作推动了学校的课堂教学改革，提高了我的教学能力。我先后被评为潍坊一中"十佳青年教师"、"最受学生喜爱的教师"、"优秀班主任"，荣获潍坊市优质课一等奖，接受了潍坊电视台专访。

高密一中教师武加平

强化评价结果的使用，促进了学校办学特色的发展。创建结果是校长职级评定、潍坊市政府教学成果奖评选的重要依据。同时，五星级学校可以面向全市招收特长学生，这赋予了学校和学生更多的选择权，有利于满足学生个性化的发展需求。这一措施加大了创新型人才的培养力度，为学生搭建了多元成功的立交桥。

【讨论三】

从校长层面讲，星级学校评估曾经是不少人的担忧，担心会动摇高考升学率，两轮下来，实际情况是如何呢？

诸城市龙城中学王耀福副校长

星级学校评估从根本上改变了以升学率为主要导向的普通高中评价模式。在星级学校评估中，教育质量仅仅是其中一颗星，而且该项包括德育质量、学业成绩、学生体质、三方满意度等要素。这就弱化了以往唯分数论的教学追求，客观上起到了"整体裁军"、降低学生内部竞争的作用。

高密二中教师发展研究中心尹玉江主任

潍坊市普通高中星级学校创建评估顺应了全省规范办学的新形势，在规范办学、课程设置、课程实施、教育质量、办学特色等五个方面提出了具体要求和评估标准与细则，为各普通高中的全面发展提供了方向。评估标准与细则在征求意见的基础上进行了修改完善，越来越能体现星级学校评估的特点和重要性。星级学校评估在减轻教师和学生负担的同时，大大增强了教师教的积极性和学生学的积极性，提高了教学效益。

潍坊四中韩忠玉校长

星级学校创建促进学校内涵发展，关注学生健康成长，关注课程设置与建设，关注教师成长，关注学校基础建设，这本身就体现了学校教育的目标与终极价值取向，为教学成绩的提升和高考升学率的提升奠定了扎实的基础。可以说，星级学校创建必将推动高中教育向更加科学、规范、健康的方向发展，促进学校多样化发展，最终为学生的终身发展与健康发展奠基。

诸城一中王克田校长

星级学校评估有助于规范办学，实施素质教育，全面落实课程方案，促进学生全面而富有个性的发展，全面提升教育教学质量。通过评估，学校把课堂、把学习的时间和空间还给了学生，实现了以学生为中心，突出了学生的主体地位。诸城一中"二五六"主体课堂进一步推动了课堂教学改革，提高了课堂教学效益，实现了"自主、合作、优质、高效"的教学目标。

寿光一中李玉明校长

星级学校评估内容丰富，包括课程建

设、办学特色等多个方面，这体现了素质教育的要求，在一定程度上与高考考查内容有一定的一致性，能提升高考成绩。但不可否认，评估过程中学校存在应付准备材料的状况，影响教学。建议有些评价标准更务实些，能够对高考成绩的提升有直接推动作用。

昌乐一中黄发国校长

目前，我市各高中学校生源差别较大，很难根据高考成绩作出科学评价。星级学校评估的目的是促进普通高中立足前沿教育的改革与发展，进一步深化素质教育，提高教育质量。所以，星级学校评估应该更加注重学校的科学管理、课程设置与课程实施（特别是国家选修课程）、特色发展等问题，以此来促进学校科学发展、教师专业提升、学生个性化成长。学校落实星级学校评估的同时，必然会促使学校科学应考，取得高考的优异成绩。评估方案过分直接关注高考成绩，则不利于学校的特色创建和可持续发展。

青州三中顾法祥校长

我校是农村高中，学生基础很差。我校根据学生基础差的状况，大力发展学生的特长，开设了美术班、艺术班、体育班等，提高学生的学习兴趣，促进学生的全面发展。

7 | 五星级高中学校办学特色概览

限于高考压力，高中学校常常将保持和提升学生的高考升学率作为办学的首要目标。追求升学率本也无可厚非，但一旦走向极端就会背离高中教育应然的教学目标，走向教育的反面。

现实中，学生将一些所谓的优质学校"誉"为"高考集中营"就是最好的证明。如果评价高中学校的标准只有升学率，那么学校常常是没有动力去改变的，因为大家都一样。

但在潍坊，普通高中星级学校创建评估却促使各个高中不仅仅盯着教育质量一颗星，而是在规范办学的基础上，追求特色办学。也因此，潍坊的13所五星级高中学校个个呈现出不一样的姿态。

潍坊一中

建立"容·雅"文化引领下的"学生向往、教师幸福、社会满意"的现代化高中。培养"志向高远、身心健康、基础扎实、个性鲜明"的"容·雅"中学生。课程开发多样化，课程实施多样化，学生培养方式多样化，学生升学途径多样化，学生成才模式个性化，学校办学行为国际化。

潍坊中学

潍坊中学在传承学校一百多年来的人文精神的基础上，着眼于时代精神和教育发展趋势，立足于学校自身的实际，将2009年以来提出的"人文，唯真，为发展而教育"的办学理念、"全面发展，人文见长"的培养目标、全员导师制、家校合作、课程课堂建设等教育理念与办学特色实践探索提炼、升华，确立了人文教育核心价值观，制定了《潍坊中学人文教育行动纲要》。人文教育的实施，历练了学生健全的品格，塑造了教师高尚的职业道德，全面提高了教育教学质量，赢得了办学高满意度。

诸城一中

形成了以"责任文化"为核心的办学理念，培养勇于担当的人。以中美合作办学为契机，走国际化办学之路，培养世界优秀人才，加快国际化进程，促进办学模式多样化。以诸城一中"二五六"主体课堂为抓手，推进课堂教学改革，提高课堂教学效益。多样化的校本课程满足了学生的个性化需求；以修身教育开启德育新途径，促使学生身心健康发展；以中学校园里的"百家讲坛"、现代农业教育、创新教育、艺体特长教育、活动育人、校友资源的开发与利用等为主要特色，培养勇于担当的人，取得了令人瞩目的办学成绩。

寿光一中

倡导绿色教育理念，为学生提供适合的教育。创新名生培养模式，实现优生优培，培养更多的名生；加强学科特长生培养，在学科奥林匹克竞赛辅导上形成特色；加强艺体特长生培养，培养更多的艺体人才；积极开展研究性学习，科技创新形成特色；举办国际班，培养更多的具有国际视野的人才。

寿光现代中学

构建多元化的特色校本课程，创造适合学生选择的教育。学校以"为学生的一生幸福和发展奠定基础"为核心办学理念，信守"送来一个孩子，给家庭一份希望"的诺言，逐步构建"自主、选择、适合"的教育模式，追求每一位学生的成长、成才，追求每一位学生综合素质的提高和个性发展，追求每一位学生终身发展的素质和能力，为学生的个性发展、主动发展、全面发展提供一方沃土。

昌乐二中

昌乐二中始终全面贯彻党和国家各项教育方针政策，秉承"心系中华 兴教强国"

教育使命，以"把每个孩子的一生变成一个成功而精彩的故事"为培养目标，大力实施文化治校方略，创建出独具特色的"271教育价值观"、"271教育特色课程"、"271教育特色课堂"、"271教育特色学生自主管理"四大模块，扎实推进全人教育，力争走出一条卓有成效的素质教育改革之路，成为基础教育改革的创新典范。

高密一中

以创建"学生向往、教师幸福、社会敬重的理想学校"为办学追求，确立了"为四十岁作准备"的校训和"志向高远，人格健全，基础扎实，特长明显"的育人目标。教育教学中，面向全体学生，充分尊重学生个性；加强学生自我管理，全面提高学生的综合素质；积极实施中学生自我锻造工程，促进学生自主发展，为学生搭建多元成功的立交桥。

潍坊四中

潍坊四中的办学特色可以归纳为：特色定位——信心教育，铺就学生成功路；特色文化理念——厚天地之大美，达万物之至理；特色文化价值追求——崇美崇实，信心铸就成功。

此外，学校还以信心教育为核心，进行六大文化积淀建设。

一是多元的课程设置：国家课程全面开设，国家课程二度开发，形成师本化、生本化课程，积极开发校本课程、活动课程。

二是开放的高效课堂：自主、合作探究，渗透信心教育，体现高效，让每个学生充满学习的信心。三是充实的闲暇教育：体现学生自由、自主、自觉，在闲暇教育中锻造学生自律、自信、自强的品格。四是全员育人导师制：针对每一个学生塑造信心，由点到面，从个体到全员，做好学生的成长导师。五是信心教育小课题行动研究：深化、细化信心教育行动研究。六是创建校—企—校合作模式：形成信心教育指导下的因材施教、分类指导、多样化办学模式，努力帮助学生实现人生规划目标，让每一个学生成才成功。

潍坊七中

潍坊七中始终坚持全面落实国家课程，积极实施特色办学、特色发展、特色育人，取得了丰硕的成果。学校确定了"内涵发展、开拓创新"的特色办学思路，提出了建设"规范、精致、文明、进取"的个性化办学目标，形成了闻名遐迩的艺术教育特色、体育特色、社团课程特色等品牌，多次在山东省和全国性大型比赛中取得优异成绩，走在了山东省乃至全国的前列，被授予全国特色学校、全国特色教育实验学校等称号，成为全国艺术教育示范基地。

青州二中

围绕"创建生态、人文、特色学校"的办学目标，坚持"全力以赴抓管理，聚精会神抓教学，一心一意谋发展"的工作思路，

发扬"追求卓越，崇尚一流"的学校精神，全面落实精细化管理，推行"点、线、面"管理模式，营造立体教育环境；推行BCA（课前、课堂、课后三个词语英文首字母的缩写）教学模式，打造绿色生态课堂；落实"望、闻、问、切"，以此提高教学质量；推行序列化、生活化德育，促成自主自律；落实人文关怀、人性服务，让师生体验幸福、收获成功。

安丘一中

高度重视校园文化建设，实施文化立校战略，校园文化特色鲜明，渗透于学校工作的方方面面。学校校风朴实、教风严谨、学风进取。学校以提高教育质量为核心，以促进自主办学、自主发展、深入实施素质教育为着力点，全面提升学校管理水平，推进课程改革，以特色带动学校内涵发展，以"为国家培养栋梁人才，为学生创造美好未来"为办学宗旨。坚持教育教学创新，在社会实践活动、德育创新工作、校园文化建设、全员管理、信息技术与学科教学整合等方面有新的突破，为学校的发展注入新的生机和活力。《安丘一中的新德育实践》荣获山东省"十一五"地方教育创新成果奖三等奖。

昌邑一中

学校围绕"立德树人"办学特色，形成了以立德树人为核心的系列教育价值观：五年发展规划、核心价值观、三条教育观

和一中精神。学校历来重视德育工作，20世纪90年代初，学校以"三五"（五心、五爱、五自）教育为核心，形成了"做好人、能人、贤人"的"树人"德育特色。新形势下，学校把教书与育人结合起来，提出了"立德树人、以文化人"的办学宗旨，大力倡导"万事德为先"，推行全员育人。学校坚持"立德树人"这一办学路子不动摇，从"以文化人、课程育人、课堂育人、让学生自己教育自己、让教师自己培养自己、让家长自动自发地全程参与、利用信息技术的强大支撑和管理模式"八个方面进行了实践与探索。

高密市康成中学

学校坚持"以提高教育教学质量为中心，以创建特色学校为龙头"的办学思路，出台了《康成中学办学特色第二个三年规划》和《康成中学开展科技创新活动管理办法》。这些文件对进一步提升和发展办学特色提出了具体的要求和发展思路，有效带动了学校发展。

后　记

《潍坊教育解密丛书》终于要付梓了！

这是潍坊教育改革者们十多年探索的智慧结晶，也是教育部基础教育课程教材发展中心、潍坊市教育局、当代教育家研究院、当代教育家杂志社等多家单位通力合作的成果。这部丛书，不仅凝结着教育改革者的智慧，而且凝聚着方方面面的教育理想主义者共同的努力、探索、希望和情怀。

一个人可以走得很快，一群人可以走得很远。这一部丛书，就是一群人走向远方的一个个脚印。我们不敢自诩走了多远，但我们希望自己的脚印是沙漠中通向绿洲的路标，是黑夜里预示黎明的灯盏，是后来者继续攀登教育高峰的台阶。正因此，我们愿意将一个区域的探索全景式、图文式毫无保留地呈现在您的面前，接受您的审阅和指正。

本丛书的撰写历时两年，在此过程中，教育部基础教育课程教材发展中心始终给予高端的专业指导和价值引领，潍坊市教育局始终及时、准确地提供各类丰富的资料和素材，当代教育家研究院则对丛书的文字与结构进行了全面的梳理和提炼，教育科学出版社为全书最终的呈现形式提供了专业的意见并将之出版。

下面这些同志，分别参与了各分册的编写工作：

《潍坊九问——破解潍坊教育密码》：李振村、朱文君、陈金铭、宗守泳、吴松超、王清林。

《引领百万学生健康成长——新中考改革解读》：曹红旗、杜晓敏、魏延阁、陈启德、刘敏英、李元昌、王树青、孟祥池、张莘莘。

《走在专家办学路上——校长职级制改革解读》：胡筱芹、焦天民、井光进、史祥华、徐媛媛、单既玉、沈万柱、刘仕永、王宝刚、郝建强。

《用课程改变教育——潍坊新课程改革解读》：侯宗凯、崔秀梅、李秀伟、于宏、孙俊勇、姚来祥、王金星、高源、孙云霄。

《教育服务新形态——教育惠民服务中心解读》：郭治平、马全铭、韩金绶、王清林、赵徽、郑明星、童双梅、金琰、魏建欣、解世国、刘天铎、李善峰、于起超、陈昕、李晓丽。

《为教育前行保驾护航——教育督导制度创新解读》：韩光福、王新、马廷福、高彦霞、刘健、魏延阁、贾玉德、李静、武际成、李志伟。

没有这些同志的团结协作，就没有这部丛书的问世。

每一本书从它完稿的那一刻开始，就有了自己的命运，它将与一个个事先不曾谋面的您相遇。

这部丛书，一共六本，就像我们悉心养育的女儿，如今将要与您见面，我们有一份"画眉深浅入时无"的忐忑，更有一份和您"一见倾心"的期待。六本书，环肥燕瘦，相信总有一本能够让您思想上有些许触动。而思想是行动的先导，如果因这小小的触动引发您进一步的实践探索，那么，这部丛书漫长的孕育过程也就有了特别的价值。

出 版 人　所广一
项目统筹　刘　灿　欧阳国焰
责任编辑　杨建伟　闫　景
版式设计　壹原视觉　董云鹏　吕　娟
责任校对　贾静芳
责任印制　叶小峰

图书在版编目（CIP）数据

为教育前行保驾护航：教育督导制度创新解读 / 教
育部基础教育课程教材发展中心编 . —北京：教育科学
出版社，2015.9（2017.2 重印）
（潍坊教育解密丛书 / 田慧生主编）
ISBN 978-7-5041-9854-9

Ⅰ . ①为… Ⅱ . ①教… Ⅲ . ①教育视导—制度—潍坊
市 Ⅳ . ① G527.523

中国版本图书馆 CIP 数据核字（2015）第 217590 号

潍坊教育解密丛书

为教育前行保驾护航——教育督导制度创新解读

WEI JIAOYU QIANXING BAOJIA HUHANG —— JIAOYU DUDAO ZHIDU CHUANGXIN JIEDU

出版发行　教育科学出版社
社　　址　北京·朝阳区安慧北里安园甲 9 号　　市场部电话　010-64989009
邮　　编　100101　　　　　　　　　　　　　编辑部电话　010-64981151
传　　真　010-64891796　　　　　　　　　　网　　址　http://www.esph.com.cn

经　　销　各地新华书店
制　　作　壹原视觉
印　　刷　北京玺诚印务有限公司
开　　本　210 毫米 × 270 毫米　16 开　　　　版　次　2015 年 9 月第 1 版
印　　张　8　　　　　　　　　　　　　　　　印　次　2017 年 2 月第 3 次印刷
字　　数　121 千　　　　　　　　　　　　　定　价　35.00 元

如有印装质量问题，请到所购图书销售部门联系调换。